Alice Cathelineau @AliceCatDesigner

SOLIDE

TRANSFORMEZ VOS ÉPREUVES EN CADEAUX

SOLAR

SOMMAIRE

Avant-propos
04

CHAPITRE 1
Différents, What else ?
07

CHAPITRE 2
Satané miroir !
31

CHAPITRE 3
Prison d'amour
59

CHAPITRE 4
Foodaddict
93

CHAPITRE 5
CorpoGate
119

CHAPITRE 6
Arnaques Land
147

CHAPITRE 7
Cash machine
175

CHAPITRE 8
L'instant présent
197

CONCLUSION
Mes engagements
219

Être solide, c'est accepter nos failles et notre vulnérabilité

Nous sommes le mercredi 5 juin 1991, c'est l'heure du goûter pour ma première entrée en scène remarquée. Ma mère est à l'hôpital, au terme de sa grossesse, installée en salle d'accouchement. La sage-femme n'est pas encore là mais qu'importe, c'est le moment que je choisis pour faire mon entrée fracassante ! Je viens me jeter directement dans les bras de mon père, en quelques minutes à peine.
« Mais que faites-vous, Madame ? crie la sage-femme en arrivant dans la pièce.
— J'ai accouché ! répond ma mère, légèrement sonnée.
— On l'appellera Boulet-de-Canon, qu'est-ce que vous en pensez ? »
Voici le premier nom inscrit sur mon bracelet de naissance par l'une des aides-soignantes présentes aux côtés de mes parents, elle aussi un peu chamboulée par la scène surréaliste qui vient de se produire. Ah ! l'énergie du boulet de canon… C'est avec cette même énergie explosive que je vais choisir d'empoigner la vie : à toute allure et sans jamais regarder en arrière.

À 32 ans, j'ai l'impression d'avoir déjà traversé mille vies. Graphiste, coach, influenceuse, cheffe d'entreprise, chanteuse, conférencière, chroniqueuse, conseillère en communication, formatrice... Un parcours, vu de l'extérieur, relativement inspirant, me dit-on, mais ô combien semé d'embûches. Je suis comme toutes ces femmes qui ont choisi d'être libres et épanouies malgré l'adversité. De celles qui ne rentrent ni dans les cases ni dans les castes. Décadente ? Bimbo ? Artiste ? Femme d'affaires ? N'insistez pas, la case qui me correspond n'existe pas !

Dans ma vie, c'est clair, j'ai connu des périodes extra. Bien évidemment aussi, des traumatismes, j'en ai connu des tas. De mon handicap de naissance, en passant par les yoyos avec mon poids, l'hirsutisme, la relation d'emprise, l'anorexie-boulimie, le redémarrage de zéro, les échecs pro, les arnaques et les business solo, je ne suis pas peu fière de vous dire que, côté emmerdes, j'ai tiré le gros lot ! Et pourtant je suis là : solide, aujourd'hui à la tête de plusieurs activités, menant une vie totalement décousue mais 100 % enivrante ! Cette vie pleine de peps, de goûts et de couleurs dont j'ai toujours rêvé.

Je ne peux malheureusement pas vous donner la formule miracle de la résilience, mais je peux en revanche vous transmettre tous les enseignements que j'en ai tirés : de mes pires expériences, j'ai accumulé les analyses, les leçons de vie, les outils et les techniques qui non seulement m'ont appris à transcender mes épreuves mais ont déjà aidé les dizaines de milliers de personnes qui ont croisé ma route.

L'audace, la remise en question, la force immergée qui nous compose, la capacité à renaître de nos cendres, sont là. Ces pouvoirs enfouis, nous les avons tous, et ils n'attendent qu'une seule chose : être sollicités ! Face aux drames, nous sommes tous capables de choisir la vie, face aux échecs, nous sommes tous capables d'entreprendre des actions, face à la tristesse, la peur, la trahison, la colère, l'abandon : nous savons tenir debout.

Être solide ne signifie pas devenir un bloc de marbre inébranlable. Être solide, c'est accepter nos failles et notre vulnérabilité, c'est accepter que les choses basculent du jour au lendemain et prendre conscience qu'il est possible de s'en relever. Être solide, c'est reconnaître nos différences comme des cadeaux et oser les crier au monde sans s'en excuser. Être solide, c'est finir par comprendre qu'on peut se révolter face aux situations qui cherchent à nous briser.

Vous trouverez dans ce livre des expériences personnelles, des paroles et conseils d'experts, des outils et des ressources concrètes. J'ai voulu y réunir tous les éléments qui vous aideront à réveiller votre pouvoir intérieur.

Nous sommes toutes et tous solides, et j'en suis l'exemple vivant.

Ah! les différences. Elles peuvent nous pourrir la vie. Que ce soit notre origine, notre façon de parler, notre apparence, nos mimiques, ce qu'on a trop ou pas assez, un handicap visible ou invisible, nous avons tous connu des regards insistants, des remarques déplacées ou des moqueries. Être différent·e, cela signifie souvent s'exposer au jugement et, dans les cas les plus extrêmes, au rejet ou au harcèlement. Parfois pourtant, on admire quelqu'un justement pour son originalité et sa particularité. Alors comment apaiser notre rapport à ces différences et nous les approprier, plutôt que vouloir les cacher à tout prix ?

En vous racontant mon histoire et en partageant avec vous mes apprentissages, j'espère pouvoir vous aider à parcourir ce chemin.

Je suis toute petite lorsqu'on me détecte un handicap. Si celui-ci est invisible aujourd'hui, cet événement a marqué toute mon enfance et, j'en suis persuadée, a contribué à forger qui je suis aujourd'hui.

CHAPITRE 1

DIFFÉRENTS, WHAT ELSE ?

ÊTRE COMME TOUT LE MONDE ? NO THANKS

PREMIERS PAS SOUS LES PROJECTEURS

« On met la lentille rigide, Alice ? Bouge pas, écarquille ton œil. Hop ! Ça pique ? Courage, ma fille ! Tiens bon ! N'oublie pas ton étui pour l'école. Tu gardes bien ton cache-œil, hein ? Tu te rappelles ce qu'a dit le docteur ? Tu dois entraîner ton œil paresseux. Mais non, tu n'es pas un pirate... »

J'ai 4 ans, et tous les matins, je suis déjà responsable. Je ne touche jamais mes yeux avec les doigts, je n'oublie jamais mon sérum physiologique, ni mon étui. Quand je pars à l'école, je suis certes une petite fille avec un œil en moins mais je me sens plus courageuse que les autres enfants. Enfin, c'est ce que Papa et Maman m'ont dit.

Il y a tout juste un an, peu de temps après mon entrée en maternelle, la maîtresse annonçait à mes parents la nouvelle qui allait chambouler notre quotidien. « Quand Alice se réveille de la sieste l'après-midi, son œil gauche part sur le côté. Je pense que vous devriez consulter un ophtalmologue. »

Inquiets, nous prenons rendez-vous. Le verdict tombe : mon œil gauche est quasiment aveugle. Comme d'habitude « Alice fait les choses en grand » ! Rien n'est jamais dans la demi-mesure avec moi : amblyopie, astygmatisme, myopie, rétine fragile, œil ovale, sécheresse oculaire... À la clinique, les internes se bousculent pour filmer mon cas : « Nous n'avons jamais vu une rétine pareille ! Madame, peut-on filmer le fond d'œil incroyable de votre fille ? » C'étaient mes premiers pas sous les projecteurs.

Un œil droit qui compense depuis la naissance, un œil gauche en grève : le cerveau qui peu à peu le « déconnecte » de ses fonctions. Si je ne le travaille pas, je cours à la cécité. *Et si tu devenais aveugle* ? C'est le début de la mélodie qui tournera tous les jours dans ma tête.

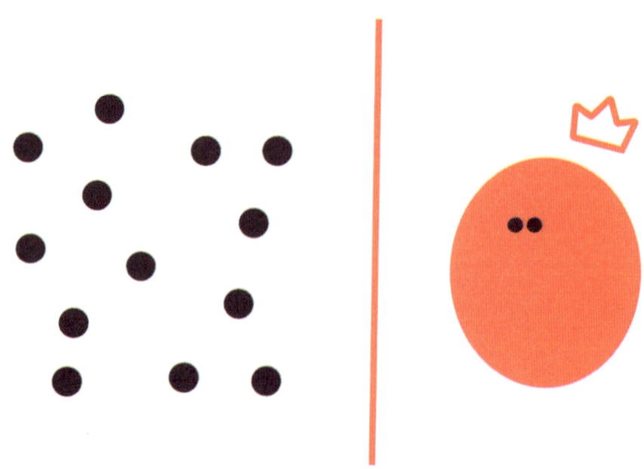

Pour Papa et Maman, c'est la douche froide. Mon grand frère est né avec un lourd handicap aux yeux ; concentrés sur lui, les médecins n'avaient rien détecté chez moi. Je me sens presque coupable. Jusqu'à présent, j'étais une locomotive, celle qui tire tout le monde vers l'avant et apporte de l'espoir : « Alice n'a rien, vous pouvez dormir sur vos deux oreilles ! » Tu parles... Me voilà transformée en une nouvelle source de tracas.

DES ANGOISSES PLEIN LA TÊTE

Certains mots utilisés par les adultes me paraissent effrayants, d'autant plus quand ce sont des termes médicaux que je ne comprends pas et qui retentissent comme des menaces. Les médecins ne prennent pas tous le temps de m'expliquer ce qui m'arrive et, même si ma mère est à mes côtés, je ne peux pas m'empêcher de me sentir seule et angoissée. Aujourd'hui encore, les souvenirs de l'hôpital restent sombres et douloureux. Mais je ne veux pas rajouter à la situation et être un poids. Je prends sur moi. Ma longue épopée oculaire est lancée. De mes 4 ans à mes 13 ans, j'irai à la rééducation deux fois par semaine. Je dois aussi porter une lentille douloureuse et mettre un cache sur le seul œil qui me permet de voir le monde pour forcer l'autre à travailler.
Ma lentille est semi-rigide, d'après les médecins les souples ne conviennent pas aux enfants. Aux prémices de l'aventure, on me la pose progressivement pour que je m'habitue : d'abord cinq longues minutes, puis dix, vingt... C'est interminable, je souffre le martyre à en faire pleurer ma mère. « Il faut qu'elle s'habitue », insiste le médecin. Mais je ne m'habitue jamais vraiment. Pour passer le temps et me changer les idées, mes parents m'offrent des poupées. Ces demoiselles sont bien souvent élancées, blondes et exercent un tas de métiers. Vous devez certainement les connaître, leur petit nom, c'est Barbie. « Barbie ? Elle peut tout faire », voilà ce qu'en dit le dicton. *Et si j'étais comme Barbie ? Elle n'a peur de rien, elle fait tout ce dont elle a envie ! Oui, si j'étais Barbie, j'aurais sûrement moins mal !* À peine le temps d'y réfléchir, les vingt minutes sont écoulées : « C'est OK, Alice, on peut enlever ta lentille pour aujourd'hui. »

MON PROF : LE HANDICAP !

Je prends très vite conscience que je suis plus fragile que les autres enfants. Je développe même une peur des chocs et du sport car on m'explique que le moindre coup pourrait me faire perdre la vue. Je deviens sur-responsable, un peu trop tôt peut-être. Habituellement, un élève en école maternelle veut se faire des copains, chercher à comprendre la maîtresse, et ne surtout pas dépasser avec son feutre sur le coloriage. Pour ma part, me voilà grand professeur, exposant aisément ma situation physiologique à la maîtresse ou réunissant les élèves autour de moi pour leur expliquer pourquoi ils ne doivent absolument pas m'envoyer un ballon dans l'œil. Tantôt j'ai l'impression de renvoyer une image aigrie de moi-même, tantôt j'ai l'impression de les fasciner en utilisant des mots compliqués. « Ne me jette pas du sable dans les yeux, je pourrais avoir des problèmes », « On peut échanger nos places ? je ne vois pas bien le tableau. » Je comprends très tôt qu'en expliquant ma situation avec des mots simples et imagés, je communique. En communiquant, on tisse des liens, on permet à l'autre de s'imprégner de notre récit. Les enfants sont particulièrement curieux, et peuvent devenir cruels face à la différence. Leur exposer une situation sans langue de bois leur permet de se projeter en nous. Si je ne dis pas ce qui ne fonctionne pas chez moi, comment l'autre peut-il comprendre ?
Si je communique : je m'affirme, je m'impose. Par mon attitude, je prenais ma place. Par ma propre estime, j'accueillais l'estime des autres. En ne m'excusant pas d'être qui j'étais, le groupe était en capacité de s'adapter à ma différence.
S'apprécier, se considérer, ne pas demander pardon d'être soi, voilà les trois règles d'or que je m'efforce d'appliquer quoi qu'il arrive. Avec le recul, je remercie ces cadeaux sociologiques que m'a apportés mon handicap de naissance ! Communiquer, s'affirmer, expliquer, se positionner, le tout en étant la pirate des bacs à sable : un *banger* pour la vie !

Communiquer, c'est s'imposer

MON CORPS, CE GAMECHANGER !

Ce qui est extraordinaire avec le handicap, c'est de découvrir l'incroyable capacité du corps à compenser et développer de nouvelles options.
Petite, je multiplie les activités créatives : piano, solfège, poterie, peinture... En cours de musique, je suis tout de suite très douée, je chante juste et mon oreille est parfaite, paraît-il. Mon corps compense mon déficit visuel en développant mes autres sens ! C'est du moins ce que je ressens en moi.
Chaque jour, j'ai l'impression que mon cerveau crée de nouvelles arborescences ; à défaut de bien voir ce qui m'entoure, je visualise énormément de choses, j'ai une imagination débordante. Je développe même une éloquence précoce, ce qui me permet d'avoir réponse à tout, me dit ma mère !
Quand les amis de mes parents leur disent « votre petite fille est vraiment en avance pour son âge », je me demande s'ils le font pour me flatter ou s'ils le pensent vraiment. Effet placebo ou réel impact sur mon mental : j'arrive à m'autoconvaincre que je dois développer mes talents ailleurs plutôt qu'à travers la vision. « Alice, tu l'as vu le chamois là-bas ? » me crie mon père, en randonnée dans le Jura. « Nada, tchi, que dalle, je n'vois rien, Papa. »

> ET VOUS, QUELLE EST VOTRE DIFFÉRENCE ?
> QUELLE COMPÉTENCE AVEZ-VOUS DÉVELOPPÉE GRÂCE À ELLE ?
> MENEZ L'ENQUÊTE, IL Y EN A FORCÉMENT UNE !

DIFFÉRENCES, WHAT ELSE ?

Avoir un handicap, c'est se confronter au regard des autres. Je connais bien cette sensation. Lorsque je dois porter mon cache-œil à l'école parce que je n'ai pas été assez assidue à la maison, j'essaye tant bien que mal de cacher ce bandeau de pirate sous une mèche de cheveux. Pour autant, je n'échappe pas aux regards et chuchotements des autres enfants au parc et dans la rue. Ces jugements me donnent l'impression d'être une petite mouche piégée dans une gigantesque toile d'araignée. À chaque pas vers un groupe, un sentiment d'étouffer me raidit le diaphragme, et le fil de soie quasi invisible m'enrobe délicatement jusqu'à m'emprisonner. La peur, la honte, l'envie de disparaître, tout s'additionne. J'ai toujours détesté les pouvoirs de Spiderman.
Avec le recul, je réalise que j'avais honte de quelque chose dont je n'étais pas responsable. Vous vous rendez compte ? Je m'excusais presque d'être malchanceuse !

Aujourd'hui, c'est l'un des messages que je veux faire passer à travers les réseaux sociaux : il est inadmissible que nous nous excusions d'être nous. Je suis d'accord, certains de nos agissements peuvent nous faire honte, mais pas ces différences qui nous sont tombées dessus et dont nous ne sommes pas responsables !
Parfois, j'en veux à la société de ne pas m'avoir proposé de modèle différent de petite fille, qui aurait porté, elle aussi, un bandeau à la Jack Sparrow.
Nous avons un tel travail à faire sur nous-mêmes pour normaliser les différences, et pourquoi pas – soyons fous ! – les célébrer. Dès lors que l'on ne rentre pas dans la norme, on est pointé·e du doigt. On en vient presque à vouloir se fondre complètement dans la masse et à devenir une pâle copie de tous les autres. Ce sont pourtant nos différences qui font notre richesse et forgent notre identité ! Regardez Winnie Harlow, la queen des podiums atteinte de vitiligo : elle rayonne ! Jim Carrey et sa folie indescriptible qui le rend irremplaçable, et puis notre Florence Foresti, qui n'est jamais entrée dans les standards de beauté, et qui en a fait la base de ses spectacles et de son succès sur scène... Être comme tout le monde ? Non merci. Nous avons tous et toutes de petites ou grandes particularités, visibles ou invisibles. Ne serait-il pas temps de les chérir ? Je crois bien qu'il est urgent de crier : « Ma différence est ma force, et je suis fière d'en faire le récit. »

> ET VOUS, LAQUELLE DE VOS DIFFÉRENCES VÉCUES DIFFICILEMENT
> AURIEZ-VOUS AIMÉ ACCEPTER PLUS AISÉMENT ?
> LAQUELLE AURIEZ-VOUS AIMÉ VOIR CÉLÉBRÉE OU NORMALISÉE ?

JE M'AFFIRME

Avec des marches, on arrive au sommet sans s'en rendre compte

TOUT EST POSSIBLE À CELUI QUI CROIT, ET S'EN DONNE LE TEMPS

Sacrifier de nombreuses heures de jeu pour aller à la « rééduc » n'a pas été facile. Je me souviens encore des crises, des moments de découragement et du sentiment d'injustice qui m'étreignait. Pourtant, au fur et à mesure des années, des heures de travail et d'effort, je récupère quelques points de vision. Mon œil se muscle, les résultats sont là ! Consciemment ou non, la valeur de l'effort revêt une dimension extrêmement positive pour moi et j'intègre cette notion à tout jamais. J'ai la conviction que tout est possible à celui qui croit et s'en donne le temps, et j'aime penser que cette expérience y est pour quelque chose.

C'est une vision que je cultive et que j'applique de manière concrète tous les jours de ma vie. Je lui ai même donné un nom : la théorie des marches. Projets, envies, rêves : il faut les imaginer comme une grande pyramide. Quand vous êtes à son pied, elle vous semble incommensurable et inatteignable. L'ampleur de cette ascension vous paralyse. Mais si vous la visualisez comme une simple suite de marches, vous vous mettrez en mouvement et vous pourrez procéder par étapes. Chacune d'entre elles est enrichissante et sa difficulté est fortement minimisée. Lorsqu'on en tombe, c'est moins douloureux. Avec des marches, on arrive au sommet sans même s'en rendre compte. Et, bon sang ! célébrez-moi ces marches brillamment franchies au lieu de paniquer devant celles que vous n'avez pas encore envisagées !

FUCKING HARCÈLEMENT !

Mon frère, quant à lui, est né avec un handicap bien visible : l'albinisme oculaire. Ses yeux bougent, il a un strabisme convergeant et il est sans cesse ébloui par la lumière. Pendant toute sa scolarité, des enfants le harcèlent à répétition.
Je comprends ce qu'est le harcèlement scolaire lorsque Vincent rentre un jour à la maison avec des bleus sur les tibias, son t-shirt déchiré, couvert de boue. Quand on lui demande ce qu'il s'est passé, il répond : « Je suis moche. C'est ce qu'ils disent. Voilà ce que je mérite. » Dès ce jour, je me jure de ne jamais rester immobile face à un acte d'injustice ou de violence, surtout quand un groupe s'en prend à un plus faible. Du haut de mes 7 ans, j'essaye de rendre justice comme je le peux. Pendant les tournois de billes à la récré, je me transforme en Arsène Lupin : je passe discrètement derrière les trois garçons qui visent sans cesse les billes de mon frère, je récupère dans leurs bananes les billes perdues, j'en profite pour en extraire une jolie poignée de plus, et hop, je les glisse ni vu ni connu dans la banane de mon frère. En agissant ainsi, je jubile, je sais que le soir, je ressentirai la joie et la surprise de mon frère une fois rentré à la maison : « Mais je n'ai jamais gagné ça ! »
Est-ce que Robin des Bois était mon mentor ? Je n'en sais rien. Mais je réalise que la justice qu'on peut rendre aux opprimés nous inonde d'un sentiment de plénitude et de satisfaction.

LE RESPECT S'INSTAURE, L'EMPATHIE SE CULTIVE

L'une des choses qui me marquent le plus est l'absence de réaction des adultes en milieu scolaire. Sans l'intervention de mes parents, aucun n'aurait bougé un orteil. « Je te préviens : si tu touches encore à un cheveu de mon fils… » Voilà où en vient mon père pour que les attaques finissent par cesser. Je comprends que demander de l'aide est nécessaire pour surmonter les vagues, même si, je le sais aujourd'hui, il est rare que l'intervention des parents fonctionne, et il est plus bénéfique de faire appel à un psy spécialisé, qui armera la victime de harcèlement, l'aidera à se défendre, à se faire respecter et à développer sa confiance en soi.
Adulte, j'ai observé la difficulté que nous avons, nous, les femmes, à nous faire respecter. La société actuelle et des millénaires d'oppression par le genre ont fait de nous des êtres pétris d'injonctions : « Sois gentille, polie, sage, une princesse ça ne s'énerve pas. »

HONTE

JE NE SUIS PAS RESPONSABLE DE MA DIFFÉRENCE, MERCI

Mes parents ont fini par faire sauter une classe à mon frère pour stopper le harcèlement. Se retrouver avec les « grands » l'a aidé, et il s'est enfin fait des amis avec suffisamment d'intelligence émotionnelle pour l'intégrer.
De mon côté, j'ai continué à jouer les Pocahontas ! Secourir les opprimé·e·s des cours de récré, utiliser mon aisance dans la communication pour régler des problèmes similaires. D'abord en servant de porte-parole à mon amie Laurianne. Intervenir quand les autres enfants s'attaquaient au cheveu sur la langue de Sabrina, inclure dans les anniversaires la timide Mélodie... Mon tempérament et moi, on avait décidé de s'allier pour faire la guerre aux injustices. L'empathie, ça se cultive. Le respect, quand on n'a pas le choix, ça s'impose.
J'ai la chance d'avoir de l'empathie. Pour l'ensemble des humains, je comprends que développer l'empathie permet de ressentir les émotions, les contextes, les visions des autres. Si l'empathie n'est pas innée, il faut aider la personne en face de vous à en découvrir tous les bienfaits. Elle favorise les relations positives et nous apprend à tisser des liens sociaux solides. Sans l'empathie je n'aurais que difficilement réussi à devenir la femme d'affaires que je suis. « Mais pourquoi tu t'acharnes sur elle ? Ça te rend heureux ? Pourquoi tu t'acharnes à l'embêter ? Est-ce qu'elle te rappelle un comportement que tu n'aimes pas chez tes parents ? Au contraire, est-ce l'occasion de te défouler ? »
Ma dernière leçon a été d'apprendre que le pardon permettait d'avancer plus vite. J'ai compris sur le tard que l'un des enfants qui attaquaient mon frère à répétition vivait, malgré les apparences, une situation familiale compliquée. La morale de l'histoire : ceux qui attaquent sont ceux qui souffrent. Ton hater se déteste lui-même.

> AVEZ-VOUS CONNU UNE SITUATION OÙ VOUS AURIEZ AIMÉ VOUS DÉFENDRE MAIS N'AVEZ PAS OSÉ OU SU COMMENT PROCÉDER ?

OPÉRATION RECONSTRUCTION, OU COMMENT DÉVELOPPER SA RÉSILIENCE

Si j'ai pu bien vivre mon handicap, je le sais, c'est grâce à l'amour et au soutien émotionnel que j'ai reçu de la part de mes parents. La parole, l'accompagnement psychologique, l'écoute, ont été les piliers de mon éducation et sont des facteurs essentiels au développement de la résilience. Tous les enfants du monde n'ont pas cette chance. C'est pourquoi se constituer un filet de sécurité et d'amour si l'on n'en a guère reçu devient crucial.
Concevoir son matelas émotionnel, développer un écosystème sain (avec une marraine, un adulte référent, un ami...) pour connaître le sentiment d'être soutenu·e n'est pas chose aisée. Mais n'oublions pas qu'il est possible d'apprendre la résilience et de se reconstruire malgré une enfance difficile.
Cela passe par la reconnexion émotionnelle : comprendre ses émotions, retracer son histoire, se plonger dans ses traumas.

> QU'EST-CE QUI CRÉE DE LA COLÈRE EN MOI ?
> QUEL EST MON RAPPORT AUX AUTRES EN SITUATION AMICALE, AMOUREUSE ?

“En ma différence je puise ma force.”

L'ÉCLAIRAGE DE Nadjet

Mannequin, Miss Monde en fauteuil roulant
@nadjet.msk

J'ai découvert Nadjet sur Instagram. Son audace assumée m'a laissée sans voix. Elle m'a contactée pour que je l'aide à promouvoir son concours de Miss, inclusif et ouvert à tous, et j'ai trouvé l'idée géniale et nécessaire au monde. Nadjet est une leçon de vie à elle toute seule. Handicapée de naissance, elle a aujourd'hui réussi à atteindre des objectifs que bon nombre de personnes valides ne se seraient pas même permis d'envisager. Chroniqueuse sur C8, mannequin, miss, comédienne, quatre fois championne d'Europe de foot fauteuil : elle s'est autorisée à vivre sous les feux de la rampe une vie de victoires et de paillettes. Elle n'est pas juste une femme, elle est une guerrière !
Son parcours met une claque à toute personne qui reste tétanisée par des croyances limitantes. Il me tenait à cœur de lui laisser une place de choix à l'intérieur de ce chapitre sur le handicap, la différence et la résilience.

Voici trois éléments pour arriver là où personne ne nous pense capable d'aller.

1 . Faire de sa colère un carburant

Prématurée au moment de ma naissance, je suis entre la vie et la mort. Mes parents choisissent de me réanimer en sachant que je serai handicapée à vie. Si je ne prends pas tout de suite conscience de ma différence, l'arrivée à l'adolescence est compliquée, j'en veux à mon corps de ne pas fonctionner correctement. En plus du fauteuil roulant, il y a les moqueries concernant mes habits, mon apparence, car je ne viens pas d'une famille aisée. Et aussi les remarques des professeurs qui pointent du doigt mes difficultés scolaires. Certains m'expliquent même que je n'arriverai jamais à rien.
Ces événements auraient pu briser ma confiance et mon estime de moi-même. J'aurais pu prendre leurs mots pour argent comptant et me contenter d'une vie recluse, devant la télé. Mais c'est tout

l'inverse qui s'est passé. Au lieu de me détruire, chacune de ces remarques m'a rendue plus forte. Elles venaient nourrir un feu en moi, une colère qui grandissait, car je savais qu'ils avaient tort. J'ai pris cette colère et je l'ai transformée en actions. Je ne l'ai pas dirigée contre eux, je l'ai mobilisée *pour moi*. Elle m'a permis de déplacer des montagnes !

2. Sortir de la position de victime

Je ne me considère pas comme une victime ni comme une handicapée. Bien qu'en fauteuil roulant, je suis totalement autonome. Malgré ces convictions, j'ai connu il y a quelques années un grave problème de santé qui m'a amenée à vivre une période très sombre. À la suite d'un décollement de la rétine, les médecins m'ont annoncé que je risquais de devenir aveugle. Mon monde s'est écroulé. Qui allait vouloir d'une femme en fauteuil ET aveugle ? Je ne l'ai pas accepté, jusqu'à en devenir très dure avec moi et mes proches. J'ai eu envie de tout lâcher.

Et puis quelque chose a changé en moi. Si moi-même je n'y crois plus, comment espérer guérir ? Je suis convaincue que tout se joue au mental. J'ai changé mon discours intérieur. *Tu peux te relever de cette nouvelle épreuve. Même si tu deviens aveugle, tu trouveras des solutions*. Je suis devenue pour moi cet ami qui vous motive et vous met un coup de pied aux fesses quand c'est nécessaire.

Au même moment, on me propose de participer au concours « Miss Monde en fauteuil roulant » ! Je me raccroche à cette perspective. Après avoir passé un mois entier allongée avant l'événement pour éviter la moindre complication avec mes yeux (prescription des médecins !), non seulement je parviens à me rendre sur place, mais je décroche le titre de Miss Sourire ! À mon retour, les médecins réussissent à sauver un œil sur deux. Je ne serai pas aveugle !

3. Devenir actrice de sa vie

J'ai toujours fait beaucoup d'activités : du foot, de la boxe, de la danse... Mon fauteuil n'est jamais un frein. Je fais autant de choses que les autres, je les fais juste un peu différemment, avec plus d'inventivité.

En commençant le mannequinat et en publiant mes photos sur les réseaux, j'ai compris que je pouvais aider les autres. « Tu me donnes la force, tu me donnes envie d'avancer. » C'est le genre de messages que je reçois souvent, pour mon plus grand bonheur. J'ai ce pouvoir-là, moi aussi je peux transformer, changer le monde autour de moi. Nous l'avons tous ! En m'investissant dans une cause, je deviens capable et puissante.

Je sais comment je veux vivre ma vie : non seulement je ne vais pas me cacher, me morfondre et me plaindre, mais je vais m'approprier ma différence, en faire une force et inspirer les autres pour qu'ils fassent de même.

Et vous, comment voulez-vous vivre la vôtre ?

C'EST À VOUS !

EXO 1 Un petit quiz pour mieux connaître votre rapport au handicap

À votre avis combien de personnes en France sont atteintes d'un handicap invisible ?

— 1 million de personnes
— 3 millions de personnes
— 6 millions de personnes
— 9 millions de personnes

RÉPONSE > 9 MILLIONS

Avez-vous déjà côtoyé une personne atteinte d'un handicap visible ?

□ oui □ non

Existe-t-il un handicap qui vous effraie ?
□ oui □ non

Sauriez-vous expliquer pour quelles raisons ?

....

....

....

....

....

....

....

....

....

....

Lorsque vous êtes en présence d'une personne porteuse d'un handicap, que ressentez-vous ?

- ☐ De la peine
- ☐ Un malaise
- ☐ Aucune émotion particulière, c'est une personne à part entière

Si vous le pouviez, aimeriez-vous faire plus pour les personnes porteuses de handicap ?

☐ oui ☐ non

Humainement, trouvez-vous normal que certaines personnes avec des handicaps visibles ou invisibles aient des « avantages » en matière d'aides, de places de parking, de places de cinéma, d'accessibilité ?

☐ oui ☐ non

Si ces questions vous ont mis·e mal à l'aise car le handicap vous fait peur ou vous gêne, je tiens tout d'abord à vous dire que c'est normal. Nul besoin de se culpabiliser. Nous ne sommes pas souvent confronté·e·s à la différence, on ne sait pas comment réagir face à des comportements ou des capacités inhabituelles/différentes, on ne sait pas ce qui est attendu de nous en retour, certaines personnes atteintes d'un handicap aiment être considérées comme des personnes valides, d'autres au contraire n'aiment pas qu'on minimise la situation… Pourquoi ne pas prendre la résolution de rencontrer au moins une personne porteuse d'un handicap cette année pour la découvrir et changer son regard sur elle ? L'avez-vous déjà tenté ? Si vous vous sentez à l'aise avec le sujet en répondant à ces questions, êtes-vous capable de définir dans vos souvenirs les éléments dans votre éducation, les rencontres de personnes porteuses de handicap ou les situations qui vous ont permis d'avoir un regard plus apaisé sur le handicap ?

EXO 2

Une liste pour cultiver votre tolérance

Nous sommes souvent nos plus grands critiques. C'est certain, en tant que société nous avons encore un long chemin à parcourir avant de nous rapprocher de la tolérance, la bienveillance et l'inclusion. Mais ce chemin commence avec chacun·e d'entre nous, individuellement. Comment, dans notre rapport à nous-mêmes, pouvons-nous faire preuve de cette tolérance, bienveillance et inclusion ? Il y a certainement des parties de vous que vous rejetez, jugez et condamnez comme mauvaises, moches ou anormales. En apprenant à être moins sévère avec soi-même, il apparaît qu'on apprend à être plus conciliant·e avec les autres.

Je vous propose de faire la liste de ces « indésirables » et de commencer à y poser un regard plus doux et tolérant. Pour cela, il est nécessaire de réfléchir à leur origine et d'aller déloger les émotions qui y sont liées.

Les parties de moi que je rejette

....

....

....

....

....

Quand je regarde ou pense à cette partie de moi, je me sens (ou je ressens)...

....

....

....

....

....

....

Pourquoi ai-je une réaction si violente ?
Comment a été créé ce complexe ?
Une remarque en particulier ? La société ?
Mes parents ? Partez à la recherche de vos souvenirs !

. . . .

. . . .

. . . .

. . . .

Si j'étais mon amie, quels seraient les mots que j'emploierais envers moi au sujet de ces parties, ces différences ou ces complexes qui me dérangent tant ?

. . . .

. . . .

. . . .

. . . .

. . . .

. . . .

. . . .

. . . .

. . . .

. . . .

EXO 3

Une teuf pour célébrer vos différences

Cet exercice est un peu différent (donc génial ?) et peut être extrêmement libérateur ! Nos différences, on a souvent envie de les cacher, on en fait une chose honteuse qui ne mériterait pas d'être aimée. Eh bien, nous allons inverser ça.
Je vous propose d'organiser un goûter, une fête, un dîner, comme vous voulez, mais un événement pour célébrer vos différences et celles des personnes autour de vous. Pour cela, proposez à un·e ou des ami·e·s de vous rejoindre. Expliquez-leur le concept : vous allez, au cours d'un moment festif, écrire vos différences sur un papier, puis, chacun·e votre tour, vous allez les lire à haute voix et trinquer à elles : leur offrir enfin la visibilité et l'amour qu'elles méritent !
Le fait d'en rire et d'inverser la tendance annule la honte et peut nous libérer plus qu'on ne le pense.
Je vous conseille de n'inviter que des personnes avec qui vous vous sentez vraiment en confiance et que vous connaissez bien. Cet exercice nécessite d'être dans un environnement safe, au sein duquel vous savez qu'il n'y aura ni jugement ni moqueries.

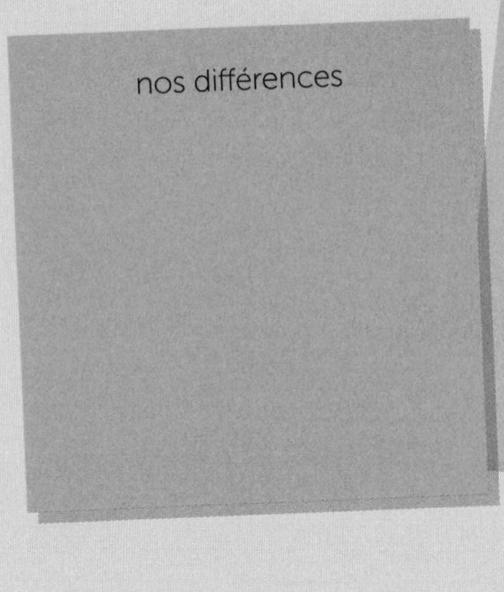

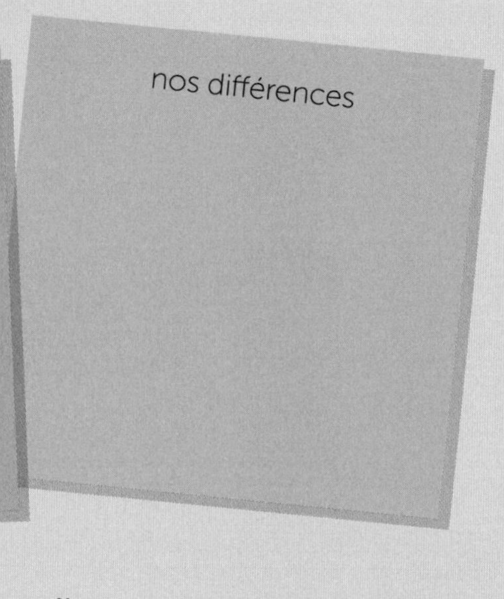

nos différences

nos différences

nos différences

nos différences

nos différences

nos différences

EXO 4

Une lettre pour apaiser votre rapport à votre enfance

Quand on a été malmené durant l'enfance, il peut être difficile de se construire sereinement. Écrire une lettre à son moi enfant (enfant intérieur) permet de faire un premier pas vers la guérison d'anciennes blessures, souvent à l'origine de nos malaises, nos maladies, nos phobies et tous nos maux physiques, émotionnels et mentaux.
L'écriture de cette lettre nous impose de réfléchir à ce qui s'est passé, à ce qu'on ressent et à faire face à des émotions qui nous tétanisent. La page blanche peut alors devenir totalement intimidante pour qui ne sait pas trop par où commencer. Pour ma part j'aime simplifier et rendre les choses plus fluides, afin de vous permettre de réussir l'exercice.
Je vous propose de vous lancer dans un texte à trous.
Imaginez-vous aujourd'hui tendre cette page à votre petit·e *vous* et lui demander de la remplir à votre place. Tentez d'écrire en faisant un voyage dans le temps, c'est vous enfant qui remplissez ces quelques lignes.

Hello petit·e ______________ tu as aujourd'hui _______ ans.

Cette année a très certainement été l'une des plus ____________________
de ta vie. Pourquoi ? Parce que dernièrement tu t'es confronté·e à cet événement :

____

____

Aujourd'hui lorsque tu t'isoles dans ta chambre, c'est pour que __________
__________________________ te réconforte.

Tu aurais aimé à cette période que ___________________________________
te prenne dans ses bras / t'écoute / t'entende / te comprenne, mais ça n'était pas le cas. Aujourd'hui, sache que je suis là.

Si j'avais été présent·e auprès de toi et qu'on avait pu changer ensemble les choses, qu'aurais-tu aimé partager avec moi ?

____

____

Qu'est-ce qui te faisait vraiment peur le soir dans ton lit ?

____

____

Quelle est la chose que tu redoutais le plus avant 6 ans ? (une peur irrationnelle, le comportement d'un adulte, une pièce de la maison, une personne de l'entourage des parents, un bruit ou un animal...)

____

____

Qu'est-ce qui t'a le plus traumatisé·e lorsque tu étais tout·e petit·e ?

____

____

Quelle est la chose qui te rendait particulièrement triste de 6 à 12 ans ? (un membre de ta famille, un changement dans ton corps, une situation dans ton école...)

____

____

Quel est, au contraire, la situation, la chose, le moment, qui te rendait particulièrement heureux·se de 6 à 12 ans ? (une musique, une fête, une personne, un·e ami·e...)

____

____

Qu'est-ce que tu as très vite arrêté de faire de 12 ans à 16 ans pour qu'on te considère comme un·e grand·e mais que tu aurais aimé continuer ?

____

____

Qu'est-ce qui t'a le plus marqué durant ta puberté ?

____

Qu'est-ce que tu imaginais faire plus tard comme métier ?

____

Comment tu t'imaginais à l'âge que j'ai maintenant ?

____

Je te raconte aujourd'hui qui je suis, est-ce que tu es fier·ère/heureux·se/admiratif·ve de la personne que je suis devenue ?

____

Si ce n'est pas le cas, m'accordes-tu le pardon et comprends-tu pourquoi je n'ai pas totalement réussi à suivre ton « plan » d'enfant ?

____

Est-ce que ça te dit qu'on se fasse confiance tou·te·s les deux et qu'on se fasse une promesse ? Notre promesse dès maintenant sera :

____

Y a-t-il un enseignement que tu as intégré à ton jeune âge à propos d'un comportement/d'une situation que tu as juré de ne pas reproduire/revivre/faire revivre plus tard ?

____

Bravo, vous avez réalisé un exercice qui se trouve être extrêmement douloureux pour certaines personnes. Pour d'autres, au contraire l'exercice fait ressurgir de la nostalgie et des émotions positives. Il n'y a pas de schéma parfait, il n'y a que des récits uniques.

RELEVEZ LE DÉFI EN VRAI #1

Rendez-vous sur mon compte Instagram **www.instagram.com/alicecatdesigner** dans la story à la une : « Solide ».

Faites un screen de ce visuel et complimentez votre petit·e vous en partageant vos réponses dans votre story.

N'oubliez pas de taguer **@alicecatdesigner** si vous souhaitez que je repartage votre courage.

Les 7 compliments
que je fais à mon/ma
petit·e moi

1 ....

2 ....

3 ....

4 ....

5 ....

6 ....

7 ....

Accepter mon corps et mon image, tout un parcours ! Moi qui étais une petite fille très jolie, l'adolescence me transforme en quelqu'un que je ne reconnais plus. Je n'accepte pas mon reflet. Qui est cette femme dans le miroir ? Fiona, la femme de Shrek ? No way ! Ça ne peut pas être moi.

Découvrir son corps de femme dans une société stigmatisante, avec son lot de complexes, de traumas, et de difficultés associées, est le sort réservé à toute jeune femme qui entre dans l'âge adulte. Correspondre à des attentes quasi irréalistes, encaisser les regards jugeants des hommes mais aussi des femmes... difficile de ne pas en venir à se détester.

CHAPITRE 2

SATANÉ MIROIR !

PARDON, C'EST ÇA MON REFLET ?

SKATEUSE EN CARTON

Baggy, t-shirts Nirvana ou Blink 182 en taille XXL : tout est bon pour cacher mon corps qui vient de passer d'une taille 12 ans à un 42 en quelques mois seulement. Je camoufle ma peur, ma honte de ce corps disgracieux que je ne connais pas. Plus c'est couvrant, mieux c'est, alors je m'invente un style de skateuse !
Ma puberté débute vers mes 13 ans et va être extrêmement rapide et impressionnante, j'ai le sentiment de me transformer en une sorte de monstre hors norme (enfin, c'est ce que je pense). Moi qui sors juste de longues années rythmées par mes problèmes de vue, je vais m'enliser dans un nouveau combat : celui contre mon propre corps. C'est une période dure et sombre. Tout change en moi et autour de moi. Des petits seins Smarties qui ne ressemblent à rien, des poils ambitieux qui veulent conquérir le monde, des boutons avec qui je joue à la bataille navale : « percé, coulé »...
Je viens à peine de sortir de l'enfance que je regrette déjà cette période. Mes émotions virevoltent dans tous les sens et cela va finir par se répercuter sur mon alimentation.

C'EST QUOI LE PROJET ?

Je vois mon rapport à la nourriture changer considérablement, sans vraiment comprendre ce qu'il se passe. J'en arrive à me choquer moi-même : *Mais comment puis-je avoir autant envie de manger ?* Plus jeune, je n'étais pas une enfant difficile à table, j'avais plutôt bon appétit, mais c'était incomparable à *ça* ! En rentrant du collège, avec mes amies, on se fait des méga goûters 100 % sucrés. Céréales, crêpes, Nutella et compagnie... les calories sont de sortie ! Y a que ça de vrai pour pimenter nos vies. Essaye-t-on de compenser l'ennui ? les remarques des potes, les tensions des devoirs, les cours soporifiques du mardi ?
Au début, je ne m'inquiète pas plus que ça. Je pense que cette nouvelle sensation de faim est liée à ma croissance. Je constate même que cette tendance est générale. Au self, on s'en amuse, c'est toujours la guerre pour savoir qui aura la dernière assiette de frites ! Tout le monde mange, tout le monde rit, personne n'y prête attention, et pourtant... Au fil des mois, je me rends compte que je prends du poids. *Tiens ? Qu'est-ce que c'est que cette chose ? Misère ! un bourrelet.* Oui, pas de doute : j'ai 13 ans, et du ventre pour la première fois de ma vie !
Avec la découverte de cette nouvelle petite bouée de sauvetage démarre alors la grande inspection. Jamais je ne m'étais regardée sous toutes les coutures de la sorte auparavant. À l'époque, mon corps, c'était mon véhicule. Il me permettait de courir, chanter, danser, apprendre à faire la roue ou du poney. Le voilà devenu un spécimen étranger. Je le redécouvre sous tous ses angles, fusillé par mes regards insistants.

Tiens, ce truc-là non plus n'existait pas avant... Bourrelets d'aisselle, cuisses qui se touchent, vergetures, double menton, fesse tombante... C'est quoi le projet ?
Plus je m'inspecte et plus je veux noyer mon chagrin dans un immense bol de chocolat chaud. Dévaliser les placards et le frigo. Manger à m'en rendre malade mais sans y penser. Lâcher prise quelques minutes le temps du feuilleton télévisé. Rebelote, un peu plus chaque jour ; je commence à perdre mon sentiment de satiété. *C'est quand, déjà, « j'ai plus faim »* ? Certes, j'arrive à m'abrutir et à oublier mes ennuis en m'occupant la bouche et les mains devant mes émissions préférées. Mais chaque jour qui passe, mon corps, cet aspirateur à denrées, commence de plus en plus à m'effrayer. Pourquoi est-ce que je n'arrive plus à m'arrêter ? Et si je continue, que va-t-il m'arriver ? Y aura-t-il un jour où j'arriverai à nouveau à me contrôler ?
C'est à cette période que je prends conscience du regard des autres. Au collège, il suffit de peu pour être traitée de « paumée ». On nous range dans des catégories. Les castes sont définies : populaires, neutres, teubés, moches, non-populaires... Pourtant, dans mon cas, ce n'est pas à l'école que le jugement sera le plus dur, mais au sein de ma propre famille.

> ET VOUS, VOUS SOUVENEZ-VOUS DU MOMENT OÙ VOTRE REGARD SUR VOTRE CORPS A CHANGÉ ? COMMENT AVEZ-VOUS VÉCU CETTE TRANSITION ?

Mon corps, cet aspirateur à denrées, commence à m'effrayer

LE JUGEMENT FAMILIAL

« Non mais Alice, tu ne vas pas te resservir tout de même ? Tu ne crois pas que tu as assez mangé ? » « Dis donc... Tu devrais faire attention, toi... » « Vous avez entendu parler du régime Dukan ? » « Je ne mange jamais de chocolat au lait, c'est bourré de cochonneries, tu devrais en faire de même ! » « Eh bien ! tu as encore grossi, toi, non ? » C'est le genre de remarques que j'entends au cours de séjours ou repas de famille de la part d'oncles, de tantes ou même de ma grand-mère.

Sous son apparence bien-pensante, d'intello-bobo-écolo-altruiste et ouverte d'esprit, la famille de ma mère n'est pas toujours des plus bienveillantes. Les tensions règnent. Les luttes de place, d'opinion et de pouvoir entre les frères et sœurs, beaux-frères et belles-sœurs, se répercutent sur nous, les enfants. Avec mon frère, on se prend tous les reproches qu'ils n'osent pas se balancer directement. « Tes enfants n'ont aucune éducation, on devrait leur laver la bouche au savon. » Pas d'autre choix que d'encaisser les critiques en serrant les dents et en attendant que le repas se termine...

Je suis déjà très complexée par mon poids qui augmente, et ces piques à répétition de la part de personnes qui me sont proches et que j'aime ont un impact terrible sur l'image que j'ai de moi. Comme la plupart des adolescentes, je suis en train de vivre l'une des périodes les plus difficiles, vulnérables et effrayantes de ma vie car je sens que tout échappe à mon contrôle. J'ai besoin de soutien et de bienveillance et pourtant, c'est bien souvent l'inverse que je reçois. Ces phrases, ces idéaux, ces jugements, laissent, encore aujourd'hui en moi, des traces indélébiles. Petit à petit, je vais devenir obsédée par l'idée de perdre du poids.

Mon père n'arrange pas les choses malgré lui. Stressé par son boulot à hautes responsabilités, il n'a que peu de moments de plaisir. Manger, c'est sacré ! Sa gourmandise, c'est son échappatoire. Originaire d'une famille où l'on mange bien, il perpétue les traditions en dévorant ses assiettes et ses petits gâteaux. Complexé par son léger embonpoint, il enchaîne des périodes d'excès et des périodes de privation forcée.

> QUEL ÉTAIT LE RAPPORT AU PHYSIQUE DANS VOTRE FAMILLE ? APAISÉ, SANS JUGEMENT ? OU AVEZ-VOUS CONNU, COMME MOI, DES PIQUES ET DES REMARQUES ? N'OUBLIEZ PAS QUE CE QUE NOUS AVONS CONNU ET INTÉGRÉ DANS L'ENFANCE CONTINUE D'AVOIR UN IMPACT TRÈS FORT SUR NOTRE VIE D'ADULTE.

POUR ÊTRE AIMÉE, JE DOIS ÊTRE MINCE

De la 5e à la 4e, je change de collège. Il me faut tisser de nouveaux liens sociaux, recréer des amitiés. C'est cette année-là que je fais mon premier régime. Je suis fan des téléshoppings qui passent le matin à la télé et je tombe sur une sorte de produit miracle : les « boules minceur », de petites boules « complètes » à manger à la place des repas qui entraînent une importante perte de poids. Le produit tient ses promesses : en arrêtant les goûters et en faisant ce régime, cette année-là, je fonds. L'effet est immédiat : je me sens belle, je prends plaisir à m'habiller, je suis plus coquette et les garçons s'intéressent à moi ! J'ai soudain beaucoup plus d'amis, d'opportunités et de prétendants maintenant que je suis menue. Qui dit minceur dit mieux dans ma peau, mieux dans mes idées. J'ai la validation de la société. Je retiens de cette expérience que pour me sentir incluse et vivante, je dois rester mince ! Les régimes, c'est la liberté. Enfin, c'est ce que je crois. Car ça ne va pas durer. C'est le début des yoyos, des phases d'alternance entre privations et prise de poids.

HORS NORME

En plus de mes bourrelets qui s'installent un peu partout, je découvre à mon grand désespoir que je suis un grand format : quand je me compare à ma mère ou aux autres femmes de la famille, je vois bien que je suis plus grande et plus large qu'elles. Il n'y a qu'à voir mes cuisses, elles sont bien plus épaisses ! « Les poteaux », voilà comment je les appelle dans ma tête. Me comparer à mon grand frère est encore plus douloureux : il est tellement svelte. Comment se fait-il que moi, sa petite sœur, je porte des jeans qui font trois fois les siens...
La mode, c'est Kate Moss qui l'inspire. Le summum du *glow,* c'est le format brindille. Autant dire que je suis tout l'inverse. Que ce soient les pantalons pattes d'eph' taille basse ou les jeans skinny qui viennent ensuite, rien ne me va. Je suis pulpeuse, j'ai des hanches larges et je ne corresponds pas aux canons de beauté. Même si je ne suis pas obèse, je me sens hors norme et c'est un sentiment douloureux. Mon discours interne commence à devenir très violent.

LA TRANSFORMATION CONTINUE

En parallèle de ma prise de poids je commence à développer de l'hirsutisme, même si je ne sais pas encore que ça s'appelle comme ça. Sur mon visage, au niveau des tempes, du menton, de la lèvre supérieure... des poils apparaissent partout ! « Ça va la cougar ? » me lance Alexis, le petit con du collège. Au début je ne comprends pas ses remarques répétées. La cougar ? Ai-je de beaux yeux de chat sauvage ? Et puis ça fait tilt : les cougars, comme tous les félins, ont... des moustaches. La honte ! J'aurais aimé que personne ne le remarque jamais. C'est donc ça, le collège ? Des montagnes de devoirs, de scènes d'humiliation, tout cela en apprenant à développer des pouvoirs de caméléon ? Bien que je ne sois pas la plus à plaindre, cachée sous mon fort tempérament, je ne suis pas épargnée. Et puis quoi encore ? Pourquoi nous, les filles, plus que les garçons ? Cette pression constante, c'est seulement au collège ou c'est la vie des grands ?

Et pour couronner le tout, il y a mon nez. *C'est un roc, c'est un pic, c'est un cap, que dis-je, c'est une péninsule.* Ce nez qui, comme celui de Pinocchio, devient beaucoup trop gros et disgracieux, avec son étrange forme carrée...

Je ne me reconnais vraiment plus lorsque je me regarde dans le miroir. C'est comme si la puberté m'avait forcée à rentrer dans le corps d'une personne que je ne connaissais pas. Où est passée la petite Alice, si jolie avec son petit nez, ses cheveux qui blondissent naturellement au soleil, elle qui durant l'enfance avait si souvent réussi à oublier le regard des autres en se positionnant en justicière ? Comment en était-elle arrivée à donner autant d'importance au regard des autres ? Lui avait-on retiré son identité en lui ôtant simplement son apparence ? C'est cette Alice enfant qui me ressemblait. Comment avait-elle pu être remplacée par cet ogre en si peu de temps ? Le changement se produit en quelques mois, et il est extrêmement impressionnant. C'est une vraie explosion physique. Je n'y comprends rien. Que m'arrive-t-il ? Je me sens perdue, angoissée. Ma mère, qui n'a pas connu pareille transformation, essaye de me soutenir comme elle peut mais n'a pas les ressources pour.

Peu à peu, je me renferme. Je continue à sortir avec mes ami·e·s, mais je n'ai plus rien à voir avec la petite fille solaire qui aimait tant faire des activités. Je perds ma joie de vivre, ma motivation et mon envie de faire des choses. Je deviens colérique, refuse chaque sortie avec mes parents. Comme je dois refaire toute ma garde-robe, je choisis des habits larges et couvrants pour me cacher. Et pour terminer le relooking, je commence à me teindre les cheveux en noir et me cache sous une frange. Je veux disparaître.

> AVEZ-VOUS RESSENTI L'INJONCTION À CORRESPONDRE
> AUX STANDARDS, PLUS JEUNE, OU ENCORE AUJOURD'HUI ?

CHANGER MON CORPS À TOUT PRIX

Avec ce physique, je ne pourrai jamais vraiment m'intégrer. C'est ce que je me répète quand j'arrive dans mon nouveau lycée. Alors je fais des fixettes et entreprends de changer mon corps à n'importe quel prix. Je m'impose des séances de torture chez l'esthéticienne, pour me faire épiler le maillot intégralement (alors que je ne couche même pas avec des mecs !). Je me pèse trois fois par jour : le matin, à 16 heures, et le soir avant de me coucher. Je contrôle mon poids en permanence. Dans le miroir de la salle de bains, je me vois énorme (plus tard, je découvrirais que ce miroir était grossissant !).

Avoir une belle peau, de beaux cheveux, être fine... La pression est lourde à cette période. On a le sentiment que pour être aimable ou aimée, que ce soit par d'autres filles ou par les mecs, il faut être impeccable. Alors avoir des poils et être en surpoids, c'est catastrophique. Ma mère perçoit mon mal-être et fait tout pour m'aider : je vais voir des psys, des nutritionnistes, mais rien ne change, quelque chose en moi est bloqué.

Comme je ne m'aime pas, j'accepte tout et n'importe quoi. L'été juste avant la seconde, un garçon avec qui je viens de commencer à sortir me largue sans même prendre la peine de me prévenir ! Sans nouvelles du jour au lendemain, je finis par apprendre, via quelqu'un d'autre, qu'il a tout simplement une autre copine. Le pire, c'est que je ne dis rien. Je ne m'énerve pas, j'accepte. Ou encore : en seconde, lors d'une soirée que j'ai organisée pour le Nouvel An, je découvre que mon copain est dans le jardin, en train d'embrasser une autre Alice !

C'est ce que je mérite au vu de mon physique et de ma tête. Quand on ressemble à Fiona, la femme de Shrek, comment peut-on prétendre conserver le prince charmant ? Ce sont les pensées qui tournent dans ma tête. Et ça, c'est quand les mecs s'intéressent à moi. Mais la plupart du temps, ils ne me regardent pas.

Heureusement, dans cette période de ma vie, je connais de très belles amitiés qui me permettent de tenir. Sans les amis, on s'effondre.

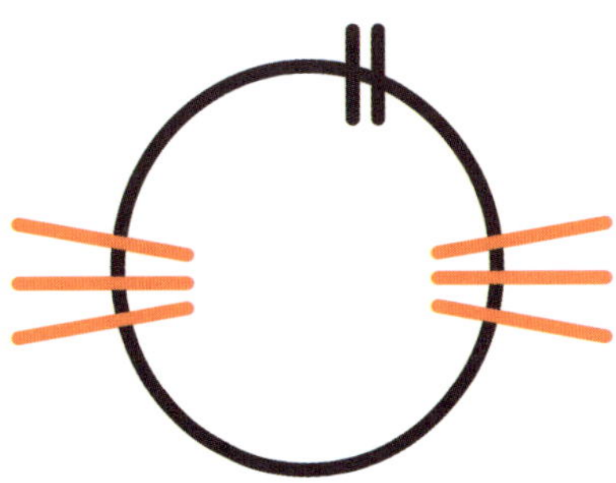

MA PREMIÈRE OPÉRATION

À l'âge de 16 ans, je fais ma première rhinoplastie. Jusqu'à présent, j'avais un réel sentiment d'injustice : personne n'a ce nez dans la famille, pourquoi moi ? Même si je ne subis pas de harcèlement ou de grosses moqueries, je passe des heures à pleurer dans ma chambre. Quand j'explique à mes parents que je veux me faire opérer, ils acceptent tous les deux, bien que ma mère soit anti-chirurgie et prône le naturel. Mes parents étaient tous les deux très complexés physiquement, et mon père n'était pas contre la chirurgie esthétique. *S'il y a quelque chose qui ne nous plaît pas et qu'on peut le changer, pourquoi ne pas le faire ?* J'ai hérité de cette philosophie. Heureusement pour moi, l'opération se passe bien. Certes le résultat n'est pas parfait, mais au moins je passe davantage inaperçue. Ne plus porter ce nez de Schtroumpfette m'apaise et me redonne de l'espoir. Quel bonheur de découvrir que le dicton « il faut souffrir pour être belle » se base sur des faits réels. Alors c'est donc ça ? Il y a des personnes gâtées par la nature et celles qui changeront la nature qui ne leur convient pas ? En tout cas, ce que je vois, c'est cette nouvelle moi. Dans le miroir, je retrouve enfin la petite Alice. Je n'ai plus envie de me cacher sous ma frange et j'arrive à nouveau à parler aux autres lycéens dans les yeux. Ce reflet, je ne l'aime toujours pas, mais je réalise que j'ai fait un grand pas.
Bien sûr, ça ne suffit pas à résoudre tous mes complexes. Je continue de me juger et de me critiquer en permanence, j'en veux à ce corps qui n'est jamais assez bien et assez beau, peu importe tout ce que je lui fais subir.

MERCI AUX MODÈLES NUS !

En première, je rentre en section L artistique. L'un de mes cours préférés ? Le dessin de nus au fusain. Des hommes et des femmes viennent poser nus pour nous et je vois enfin des corps normaux, imparfaits. Ça existe ! Ces cours me permettent de voir qu'il y a tous types de corps, pas que des skinny ou des Kate Moss ! Ça me fait beaucoup de bien et apaise un peu le regard que je porte sur moi.

> AVEZ-VOUS DES SOUVENIRS DE PERSONNES OU D'ÉVÉNEMENTS QUI VOUS ONT PERMIS D'ACCEPTER UN PEU PLUS VOTRE CORPS ? SI OUI, ARRIVEZ-VOUS À METTRE LE DOIGT SUR CE QUI VOUS AVAIT AIDÉ PRÉCISÉMENT ? EST-CE QUELQUE CHOSE QUE VOUS POUVEZ METTRE EN PLACE DANS VOTRE VIE AUJOURD'HUI OU VOUS APPORTER À VOUS-MÊME ?

LA VIE DE FEMME

WARNING

SE CONSTRUIRE EN TANT QUE FEMME DANS UNE SOCIÉTÉ TOXIQUE

Je continue de traverser mon adolescence tant bien que mal, entre complexes, régimes, prises et pertes de poids.
Avec le recul, je me rends compte de la violence de cette période. Les attaques viennent de partout : la famille, les autres ados, les pubs... Tout pointe que vous n'êtes *pas assez bien*, pas assez parfait·e. Et dans une société qui nous fait croire que toute notre valeur repose sur le fait d'être beau ou belle, tendance ou désirable, ne pas correspondre aux normes ou aux canons de beauté attendus, c'est être en échec.
Et il ne faut pas non plus être *trop* désirable. Je me souviens de Maude, une jeune fille rencontrée au collège qui, parce que la nature l'avait bien gâtée, avait reçu des formes bien proportionnées avant tout le monde. Son surnom ? La pute. L'horreur. À l'époque, on était incapable de voir l'injustice et la violence de ces propos. « Maude la pute », c'était un surnom « marrant » qui passait de bouche en bouche.
La toxicité nous entoure. Pas seulement psychologique, elle est aussi bien concrète. Notre transformation physique est accentuée par le monde pollué dans lequel on grandit. Bourré de perturbateurs endocriniens, notre environnement se joue de nous, à la fois sur le plan physique et psychique. On parle de puberté précoce dans les médias, les troubles hormonaux font croître les cas de femmes aux ovaires polykystiques ou nouvellement atteintes d'endométriose... Nous sommes les victimes d'une société malade et toxique.
Avez-vous conscience de cette toxicité ? Comprendre que nos problèmes ne viennent pas seulement de nous mais aussi de notre environnement est important et nous permet de déculpabiliser !

ÉDUQUONS NOS FILLES !

J'en veux à l'Éducation nationale, aux animateurs et aux parents. On ne nous a pas assez préparé·e·s aux changements que nous allions vivre, physiquement et mentalement. Ce qui se passe pour nous lors de ces années de changement est terrible, j'en suis la preuve. Je voyais bien que je n'étais pas la seule à en souffrir, et pourtant aucun adulte référent ne semblait s'en soucier. J'aurais aimé qu'on me prévienne réellement de ce qui allait se passer. Qu'en classe on impose des cours de préparation aux transformations.

« Les filles, vous bavardez au fond de la classe, taisez-vous » : ça ne serait pas venu une seconde à l'esprit d'un de mes profs de tenter de comprendre la raison de ces chuchotements animés ? N'ont-ils jamais été jeunes, comprennent-ils ce qui se joue, au-delà des cours ? Nous soutenir, parler des changements, c'était presque tabou.

Avoir été préparée, éduquée aux changements que j'allais vivre m'aurait permis de faire preuve de beaucoup plus de compréhension et de bienveillance envers moi-même. J'aurais pu voir mon corps autrement que comme un objet défectueux à perfectionner.

C'est à l'âge adulte que j'ai pu faire les recherches nécessaires et comprendre ce qui s'était passé dans mon corps, avec mes hormones. Je vous encourage à vous réapproprier les connaissances concernant votre corps. Mieux comprendre permet d'accepter et de sortir d'une position de victime. Quand on comprend les causes, on peut agir.

> QUELLE CONNAISSANCE AVEZ-VOUS DE VOTRE CORPS, DE SON FONCTIONNEMENT, DE SES PROCESSUS ? AVEZ-VOUS CONSCIENCE QUE TOUT CE QU'IL FAIT A UN SENS ET QU'IL LE FAIT GÉNÉRALEMENT POUR VOUS PROTÉGER OU VOUS AIDER ?

Comprendre son corps, c'est sortir de la posture de victime

JE SORS DE LA TEMPÊTE ADOLESCENTE

Après une rupture difficile, certaines femmes décident de changer de coupe de cheveux, de changer d'appart ou d'en refaire toute la déco. Eh bien moi, après une relation d'emprise qui aura duré jusqu'au milieu de ma vingtaine (voir chapitre 3) et qui aura fait exploser mes problèmes d'alimentation (voir chapitre 4) et mes complexes, je change mon corps. J'ai eu besoin de tourner définitivement la page de longues années de haine et de mépris autocentrés. Pour moi, changer, c'était m'offrir un tout nouveau départ après une adolescence douloureuse et des premiers pas dans la vie adulte qui m'avaient beaucoup blessée. En un court laps de temps, je refais à nouveau mon nez, mes seins, et je teins mes cheveux en blond.

Je ne fais pas ces opérations dans le but de ressembler à une bimbo, ça n'a jamais été mon objectif. J'avais tellement abîmé mon corps moi-même, notamment avec l'anorexie, que j'avais besoin de prendre le chemin inverse et, d'une certaine façon, de me forcer à me reconstruire. En ajoutant des prothèses, je me suis redonnée des formes. L'opération des seins m'a aidée à dépasser mon anorexie : j'étais obligée de manger normalement car sinon, avec mon corps trop maigre, ces deux grosses boules de plastique paraîtraient ridicules.

C'est à ce moment que se crée mon « personnage », AliceCatDesigner. Il devient mon attirail, mon costume qui me rend plus forte et me permet de surfer sur les réseaux sociaux. AliceCatDesigner est un mélange de Barbie (rattachée pour moi au courage puisque, vous vous rappelez, mes parents m'en offraient une après chaque étape réussie chez l'orthoptiste) et de femme extravertie : elle essaye de faire rire tout le monde, elle parle fort et vite.

Ces opérations m'ont, je crois, aidée sur mon chemin, mais je ne prétends absolument pas que la chirurgie est la réponse aux problèmes d'image et d'estime de soi. Ce ne sont pas des décisions à prendre à la légère (n'hésitez pas à consulter un psy sur ces questions). D'ailleurs, je vais aussi connaître le revers de la médaille...

NOTRE CORPS SAIT

Ma deuxième rhinoplastie va être complètement ratée alors qu'elle devait simplement améliorer la première (cette dernière avait « bougé » avec le temps, c'est fréquent lorsqu'on réalise une rhinoplastie à un jeune âge, le visage continue de grandir jusqu'à nos 25 ans !)
Après l'opération, je découvre avec horreur que j'ai des boules sur le nez... « Ce sont des œdèmes », me dit ce chirurgien qui se prend pour l'étoile montante de la rhinoplastie en France (j'apprendrai plus tard dans un Groupe Facebook, qu'il avait défiguré plus de quarante patientes mécontentes avec qui je me suis liée d'amitié). Après être revenue un an et demi plus tard pour lui exprimer mon désespoir, une troisième opération est donc programmée chez l'un de ses confrères, lui aussi un soi-disant ponte de la rhinoplastie en France. Ensemble ils me promettent de réussir à réparer ce fiasco... Enfin, tout ça est de la faute de mes cartilages poreux, me disent-ils en chœur.
Au sortir de cette opération, en effet, le « ponte » réalise un chef-d'œuvre. Incroyable ! Quel nez extraordinaire, je n'en demandais pas tant ! Cette opération avait eu lieu début décembre 2019. J'étais la femme la plus heureuse de France ! Mais évidemment, rien ne se passe comme prévu. Une quinzaine de jours plus tard, le rêve s'assombrit. Du pus se met à couler de mes narines.

Il est temps d'écouter ce que nous sentons dans notre corps

« J'ai une infection, c'est sûr ! Docteur, aidez-moi, je suis inquiète !
— Madame Cathelineau, calmez-vous, c'est normal d'avoir du liquide qui coule après une opération, revenez me voir début janvier. »
Crédule et n'écoutant pas mon intuition, je patiente. Je vis alors ma première grosse erreur médicale.
« Vous avez bel et bien une infection, vous pouvez perdre votre nez. » *Pardon ? Comme ça ?* Fistule, infection, adhérence. Mon nez se mange de lui-même, un trou béant se crée au milieu de ma pointe, des marques apparaissent sur mes narines, je suis en train de me transformer en atroce sorcière. J'ai beaucoup de mal à me montrer, sortir dans la rue et pointer le bout de mon « nez ». Les semaines passent, on entre dans la période Covid-19, et quand l'obligation de porter le masque est annoncée, moi, je revis ! Je vais pouvoir rester cachée plusieurs mois. Sur Insta, je retouche toutes mes photos pour pouvoir continuer à bosser et lancer des projets.
Heureusement, de formidables autres médecins esthétiques m'accompagnent gratuitement, et procèdent à de longues interventions pour « hydrater et revitaliser » mon nez. Six mois plus tard, retrouvant suffisamment de souplesse dans la peau, Monsieur-le-Ponte peut alors me réopérer. Une quatrième intervention chirurgicale me permet de retrouver un nez quasiment normal. Avec des cicatrices, des marques à vie, une greffe de cartilage de côte, une ponction de cartilage de crâne et de conque d'oreille, mais je retrouve un semblant d'identité.
Je voulais partager avec vous cette expérience pour vous alerter afin que vous ne vous fassiez pas avoir par de belles paroles. Il est important d'écouter ce que nous sentons dans notre corps. Notre corps sait, si nous savons tendre l'oreille. Face à une figure d'autorité comme un chirurgien, nous avons tendance à mettre de côté notre ressenti et notre discernement pour accorder plus de valeur à son jugement. Mais notre première autorité devrait toujours être nous-mêmes : notre corps, notre intuition, nos ressentis.

> QUELLE PLACE ACCORDEZ-VOUS À VOS INTUITIONS ?
> AVEZ-VOUS TENDANCE À ESSAYER DE VOUS CONVAINCRE QUE TOUT VA BIEN POUR NE SURTOUT PAS DÉRANGER OU PARAÎTRE « MAL ÉLEVÉ·E » ?
> AVEZ-VOUS CONSCIENCE DE VOTRE POUVOIR EXTRAORDINAIRE À RESSENTIR LES CHOSES AU FOND DE VOTRE CŒUR ?
> CAPTEZ-VOUS LES SIGNAUX DE MALAISE QUE VOTRE CORPS VOUS ENVOIE POUR VOUS PROTÉGER D'UNE SITUATION OU DE QUELQU'UN ?

En ce qui concerne mon visage, je crois que j'ai toujours été en quête de mon identité perdue, cette Alice qui jouait, riait et ne connaissait pas tous ces ennuis, retrouver le visage d'*Alicette*, insouciante et heureuse.

RÉPARER MON RAPPORT AU FÉMININ

Et la symbolique de la poitrine dans tout ça ?
Lorsque je décide de me faire refaire les seins, je sors des années les plus noires de ma vie. Les énormes pertes et regains de poids ont transformé ma peau et mon corps, la poitrine avec. Après une longue période de troubles du comportement alimentaire, les séquelles sont lourdes. Aussi bien psychologiquement que physiquement. En plus d'être marquée à vie par des années de honte et de traumas, l'anorexie a détruit mes seins. Même en ayant repris du poids, ils ne reviennent pas. Je me sens moins femme, moins bien proportionnée : je fais 1,75 m, une taille 40 et j'ai les mêmes soutiens-gorge qu'à l'âge de 13 ans. La peau distendue par les multiples yoyos rajoute de la saveur au tableau. La gravité joue ses pions ; pour ma poitrine, c'est échec et mat. Faire le choix de renouer avec une poitrine sera pour moi le choix de renouer avec cette transformation de femme que j'avais toujours voulu éviter.
Avec le recul, je sais qu'inconsciemment, j'ai fait ces opérations pour réparer de nombreuses choses en moi. C'est souvent le cas avec les opérations de chirurgie esthétique, la plupart des femmes ne le font pas pour devenir femme de footballeur ou faire de la téléréalité ! Elles le font pour guérir une blessure profonde en elles. C'est ce qui s'est passé pour moi. Je voulais guérir mon rapport blessé à la féminité.

> COMMENT VIVEZ-VOUS VOTRE FÉMINITÉ ? EST-CE QUELQUE CHOSE QUE VOUS ACCEPTEZ ET QUI VOUS PLAÎT ? QUEL MODÈLE AVEZ-VOUS REÇU DANS L'ENFANCE ? UNE FÉMINITÉ ASSUMÉE, INCARNÉE, SEREINE ? BLESSÉE ET RÉPRIMÉE ?

Le corps des femmes n'est pas un simple objet esthétique

VIVE LE BODY POSITIVE

Ado, je pensais vraiment que j'étais la personne la plus moche de la planète, que personne n'avait jamais autant souffert que moi et que je ne m'en sortirais jamais. J'aurais aimé avoir plus de figures *body positive*, voir des femmes très différentes. À mon époque, tout tournait autour de la perfection et de la minceur. Avoir d'autres modèles, d'autres possibilités de comparaison et d'identification est très important. Célébrons tous les types de corps, et surtout arrêtons de voir le corps des femmes comme un simple objet esthétique. J'ai dû réapprendre que mon corps existait pour moi, pas pour le regard des autres. C'est avant tout une machine formidable qui me permet chaque jour de faire un nombre de choses incroyables !

> DE QUELS MODÈLES DIFFÉRENTS AURIEZ-VOUS EU BESOIN, PLUS JEUNE ? POUVEZ-VOUS, À VOTRE FAÇON, INCARNER CE MODÈLE AUJOURD'HUI ? RÉPARER POUR CELLES ET CEUX QUI VIENDRONT APRÈS VOUS, INSUFFLER L'ESPOIR ET L'INSPIRATION AUX AUTRES, C'EST AUSSI SE SENTIR VIVANT·E POUR LA PREMIÈRE FOIS !

ET AUJOURD'HUI ?

J'arrive à ne plus vouloir me transformer. Ce qui m'a aidée, c'est de voir que tout ce que j'ai accompli, je l'ai fait avec mon cerveau et pas avec mes fesses. Je sais qu'on m'aime pour d'autres raisons que mon physique. J'ai trouvé de la reconnaissance dans mon travail et j'ai pu me détacher de mon apparence. J'ai arrêté de me regarder et de me juger en permanence. En toute honnêteté, j'ai aussi moins le temps d'y penser ! Avec le recul, ça me paraît fou de voir l'importance que j'y attachais et les proportions que ça avait prises dans ma vie. Je n'étais pas un cas isolé. À l'adolescence, toute jeune fille dont le corps se transforme subit les diktats de beauté, qui décident de sa place dans le groupe, l'attirance ou le rejet. C'est une addition d'éléments déclencheurs qui, je crois, m'avaient enfermée dans l'obsession du corps : remarques familiales, injonctions véhiculées par la publicité, place à prendre au collège, traumas amoureux... Aujourd'hui, je pense que j'ai tout simplement gagné en maturité et trouvé ma place autrement que par le physique. Le temps qui passe, lui aussi, répare beaucoup.

Aujourd'hui je suis capable d'en rire, je fais souvent preuve d'autodérision et je joue avec le cliché de «la blonde bimbo avec ses gros tétés». Bien sûr, c'est plus facile à faire quand on est refaite et agréablement proportionnée, que lorsqu'on se déteste. Bizarrement, je n'ai jamais cherché consciemment à avoir ce corps aux dimensions irréelles. Je n'ai jamais voulu avoir plus d'hommes à mes pieds, pour tout vous dire, je ne suis pas vraiment attirée par la drague, les hommes et la sensualité ! Je suis même parfois gênée de l'effet que crée mon corps sur les hommes, à tel point que je dois mettre des pulls ou des blazers pour éviter de trop attirer l'attention et le désir ! J'ai encore du mal à intégrer que ce corps qui ressemble presque à un avatar est bien le mien.

Je me trouverai probablement toujours des défauts et des imperfections, mais j'ai un rapport beaucoup plus doux et tranquillisé avec mon corps. Je ne le vois plus comme quelque chose à modifier. Je l'ai tellement violenté que je ne veux plus le faire. Le regard des autres m'atteint beaucoup moins. De toute façon, il ne sera jamais aussi dur que le regard que j'ai pu poser sur moi. Il n'y a rien de pire que cette voix intérieure hyper violente et critique qui te répète en boucle que tu ne ressembles à rien. Avoir fait la guerre avec soi-même, ça blinde.

Je ne sais pas encore quelles seront les prochaines étapes dans ma relation avec mon corps, mais avoir fait la paix avec lui, c'est déjà inestimable.

Avoir fait la guerre avec soi-même, ça blinde

“Mon corps est ma maison.”

Harmony Albertini

L'ÉCLAIRAGE DE Harmony Albertini

Experte en libération corps & esprit
@harmonyalbertini

Trois clés pour être fier·ère de son corps et de ses pouvoirs incroyables, surtout quand on est une femme et que les injonctions concernant le corps et l'apparence sont tellement prégnantes.

1. Ne pas attendre que son corps change pour vivre sa vie

Je voudrais commencer par vous rappeler que vous n'avez aucune obligation à aimer votre corps. Il est normal d'avoir du mal à en accepter certaines parties qui ne sont pas valorisées par la société ou, simplement, qui ne vous plaisent pas.

En revanche, il est important de ne pas attendre d'avoir un corps parfait pour commencer à vivre sa vie. C'est le piège dans lequel nous tombons souvent. *Une fois que j'aurai minci, je me lancerai dans ce projet qui me tient à cœur car j'aurai plus confiance en moi.* En tant que femmes, on connaît toutes ce genre de raisonnement qui nous semble d'une logique implacable. Sauf qu'il ne l'est pas du tout, et que le bien-être qu'on imagine ressentir une fois notre objectif atteint ne sera pas au rendez-vous.

Lancez-vous sans attendre, faites ce qui vous fait vibrer dès maintenant ! Bien sûr, il y aura des jours où vous ne vous trouverez pas belle, et ce n'est pas grave. Ces jours-là, rappelez-vous qu'il n'y a pas de lien de causalité entre votre apparence et votre bonheur. Ce qui nous rend heureuses, c'est tout ce que nous sommes capables de faire. Nous pouvons nous replacer à l'endroit où nous avons du pouvoir, où nous ne sommes plus dépendantes de notre apparence physique. Ne vous figez plus à cause d'un regard critique, que ce soit le vôtre ou celui d'un autre.

2. Adopter le regard de la mamie intérieure

On parle souvent de l'enfant intérieur, mais quid de la mamie intérieure*? Vous savez, cette version de vous plus âgée, qui en a vécu bien d'autres et qui est toujours là aujourd'hui pour vous dispenser sa sagesse, ses conseils et ses ressentis. Qu'a-t-elle à vous dire ? Se souvient-elle de ces cinq kilos en trop qui gâchent vos journées ? Qu'a-t-elle aimé de sa vie ? Est-elle plutôt rock'n'roll et en mode yolo, ou douce et apaisée ?

Prendre ce recul va vous permettre de relativiser sur des problèmes qui peuvent vous sembler insurmontables aujourd'hui. Vous avez peut-être déjà expérimenté ce moment où l'on tombe sur une vieille photo de soi et qu'on se trouve tout simplement canon : « C'est dingue, pourtant j'étais hyper complexée à l'époque. Si j'avais pu me voir avec mes yeux d'aujourd'hui, je me serais permis plus de choses. » Eh bien, c'est ce que la mamie intérieure va faire pour vous : elle va décaler le focus et vous montrer à quel point vous pouvez profiter de votre vie dès aujourd'hui !

3. Célébrer toutes les possibilités et toutes les belles sensations que nous offre notre corps

Célébrer son corps n'est pas un truc de hippie qui danse autour du feu. Notre corps mérite que nous soyons fier·ère·s de lui, fier·ère·s de ce véhicule sans qui nous ne serions rien. Il fait chaque jour tant de choses pour nous ! Il existe plein de façons de le célébrer, et l'une de mes préférées est le mouvement. Bouger, c'est ce pour quoi est fait notre corps. Faire du sport, danser, marcher, sauter… En nous mettant en mouvement, on dirige ailleurs notre énergie, on ne se concentre plus sur l'aspect esthétique. On se sent en vie et en capacité de créer ! Il ne s'agit surtout pas de mettre en place de nouvelles contraintes, nous en avons assez comme ça, mais de trouver le plaisir qui vient avec le mouvement. La danse, par exemple, permet de faire monter la joie dans notre corps et de créer de la magie. Il est temps de nous souvenir de tous les cadeaux que nous offre notre corps et de ne pas les laisser inutilisés !

* Retrouvez la clé de la mamie intérieure et bien d'autres dans le livre d'Harmony, *Bordel, soyons libres !* (Larousse, 2024).

C'EST À VOUS !

EXO 1 Un dessin pour honorer et sublimer vos complexes

Faites les plus jolis motifs, assemblages de lignes, vaguelettes, petits pois, couleurs, de toutes ces zones que vous n'aimez habituellement pas, changez les cheveux, les orteils, créez des ridules, des taches, des cicatrices et prenez ce magnifique chef-d'œuvre en photo pour le poster dans votre story Instagram !

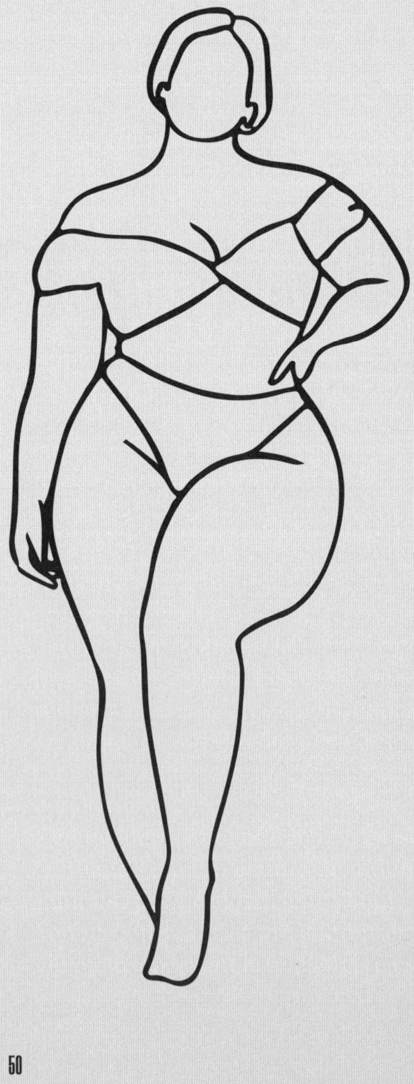

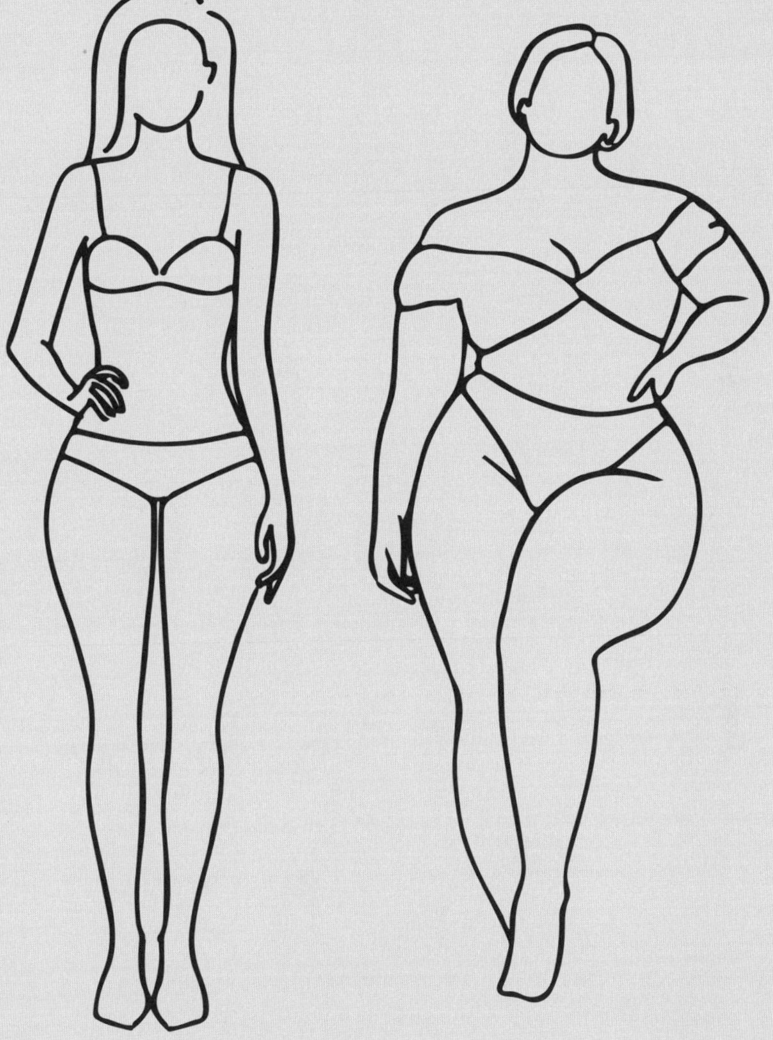

Taguez-moi @alicecatdesigner et je vous re-partagerai pour montrer au monde ô combien vos « particularités » sont des œuvres d'art ! Vous serez si fier·ère·s d'avoir osé honorer votre joli corps !

EXO 2

Une cocotte en papier pour dédramatiser vos complexes

Voici le tutoriel de la cocotte pour ceux qui auraient oublié comment faire (je pense à vous, messieurs). Une fois la cocotte réalisée, inscrivez toutes les phrases que vous ne vous êtes jamais autorisé·e à exprimer à votre corps.

Je regrette de vous avoir trouvé moches, mes petits orteils, alors que vous me faites marcher.

T'es pas si gros, mon nez !

Coucou, mes pellicules ! Je viens de comprendre qu'un cuir chevelu, ça vit !

Désolée, mes p'tits poils, vous cherchez juste à me réchauffer !

Kikoo, petites lèvres ! Je viens d'intégrer que c'est OK que vous ne soyez pas symétriques.

Salut, bourrelet. Merci de me tenir chaud en hiver et de me permettre des ébats amoureux plus confortables.

Hello, cellulite. Merci d'être responsable de ton rôle hormonal, jouant des fonctions physiologiques essentielles !

Olà bouton. Je sais que t'es là pour me rappeler que je devrais peut-être prendre du temps pour moi.

EXO 3

Un rituel pour pardonner à votre corps

Mettez-vous en face d'un grand miroir, déshabillez-vous, et même si le reflet n'est pas facile à observer, et que vous n'acceptez pas tout, collez des petits post-it sur toutes ces parties que vous passez votre temps à dénigrer.

1 | Demandez-leur pardon.
Pardon à toi, ma cuisse, de t'avoir si souvent traitée de gros poteau ; pardon à toi, mon genou, de t'avoir toujours comparé aux jambes de mes copines ; pardon à vous, mes pectoraux, de vous avoir craché dessus en regardant le torse de Hugh Jackman...

2 | Cassez l'image idéale des mannequins, acteurs...

Récupérez des photos d'eux prises sur le vif, sans tout l'attirail du cinéma, des shootings, des cérémonies, des retouches. Ils sont bien tous plein d'imperfections... Est-ce que vous les estimez moins pour autant ? Non. Bien au contraire.

3 | Cherchez trois hommes et trois femmes « imparfaits » (mannequins, acteurs...)

Moins on se focalise sur des Megan Fox et autres Brad Pitt, plus on réalise que le charisme et la beauté ne résident pas seulement dans la « symétrie » ou la perfection, mais dans ce que la personne dégage, son aura, ses réalisations, sa confiance... La beauté est absolument partout et accessible à qui veut bien la voir.

Si vous n'êtes pas inspiré·e, voici mes exemples de personnalités connues qui sont des personnes que j'estime énormément :

les femmes	les hommes
<u>Les miens</u>	<u>Les miens</u>
Florence Foresti	Pierre Niney
Michelle Obama	Morgan Freeman
Inès Reg	Slimane
<u>Les vôtres</u>	<u>Les vôtres</u>
....	....
....	....
....	....
....	....

Rien de 100 % parfait et pourtant...

EXO 4

Une liste de gratitudes envers mon corps !

Et si on listait les choses extraordinaires que nous permet de réaliser notre corps tous les jours ?

Mes mains me permettent :

Mes jambes me permettent :

Mes dents me permettent :

Mes yeux me permettent :

Mon bassin me permet :

Mes poumons me permettent :

Ma bouche me permet :

Mon ventre me permet :

Mes épaules me permettent :

Vous pouvez continuer si vous êtes inspiré·e !

RELEVEZ LE DÉFI EN VRAI #2

Rendez-vous sur mon compte Instagram **www.instagram.com/alicecatdesigner** dans la story à la une : « Solide ».

Faites un screen de ce visuel et complimentez votre petit·e vous en partageant vos réponses dans votre story.

N'oubliez pas de taguer **@alicecatdesigner** si vous souhaitez que je repartage votre courage.

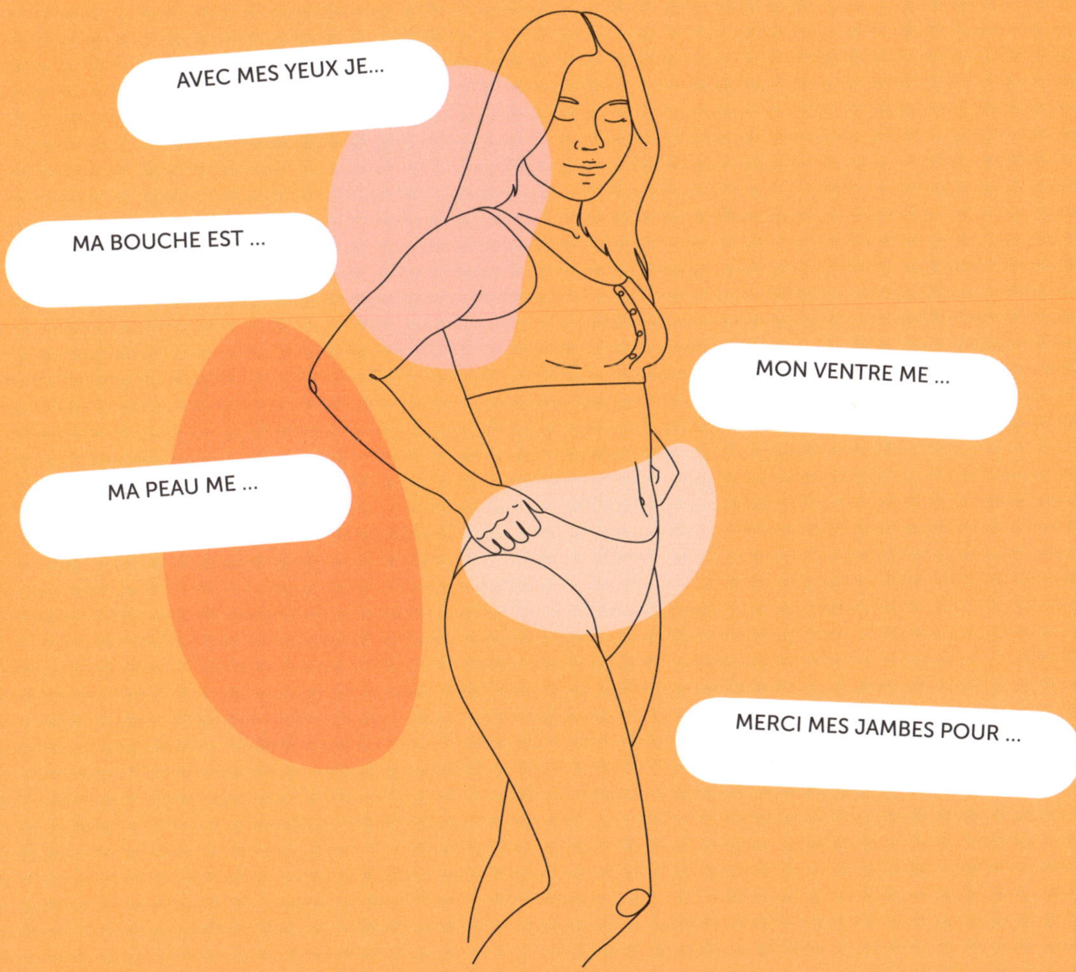

«Espèce de merde», «t'es rien sans moi», «arrête de faire ta pute»... Charmant, non ? Ce sont des exemples de phrases que j'ai entendues couramment pendant six ans de relation, de la part de la personne avec qui j'étais en couple. Six ans de ma vie, à la fois terribles et magnifiques d'apprentissages. Les relations d'emprise, nous sommes nombreuses et nombreux à en avoir vécu. Je vous emmène dans mon histoire. Pour ça, retour en 2008, l'année de mes 17 ans.

CHAPITRE 3

PRISON D'AMOUR

EN CAPTIVITÉ DANS UNE RELATION D'EMPRISE

DES ÉTOILES PLEIN LES YEUX

Je suis en terminale et toujours enlisée dans mes complexes. Mon frère est en échange universitaire à Casablanca, et comme nous commençons à être proches, je décide d'aller lui rendre visite. Après une bonne négociation, mes parents avaient été d'accord pour que je le rejoigne pour les vacances de la Toussaint avec une copine. Il avait un appartement dans le centre de Casa, quartier Moulay-Youssef. Pour moi, c'était l'aventure : j'avais 17 ans, je partais à l'étranger sans mes parents ! Je n'étais jamais allée au Maghreb et je me souviens encore de l'excitation au moment de faire ma valise pour dix jours.

À l'arrivée, je suis tout de suite fascinée par ce pays et cette culture si différente de la mienne. Les gens sont très loin de nos préoccupations à nous. Je ressens plus d'humanité dans les rues de la ville que chez moi, dans le 92, où il faut avoir tel sac de marque ou écouter telle musique pour être apprécié·e. Les soirs, ce sont des soirées alcool et guitare, pétards pour certains, les esprits un peu éméchés, tout le monde chante.

Toute la semaine, nous serons les deux seules filles du groupe, car mon frère n'a que des potes mecs. On se sent tout de suite accueillies comme des reines, acceptées comme de drôles de curiosités. Les *khouyas* (ça veut dire « frères », mais ça sous-entend « potes », et ça se prononce « rouya ») de mon frère, sont tous aux petits soins pour nous. Pour la première fois de ma vie je ne me sens pas comme une grande duduche, un gros tas, une cinquième roue de carrosse en présence d'hommes ! J'ai du mal à me l'expliquer, mais je prends conscience à ce moment-là que ma « tempête » adolescente, mon corps que je hais tant, mon reflet qui jusqu'alors était mon pire ennemi, ma taille, mes formes, ne sont plus un fléau et auraient presque tendance à être une bénédiction. Waouh! si je pouvais ressentir ça en permanence... C'est donc ça « être une femme » ? Les jours passent et défilent, un programme haut en couleur, soirées, dégustations et visites des plus beaux endroits de Casa.

Pour la der des der avant notre retour en France, mon frère organise une soirée poker. Les morceaux à la guitare résonnent dans le salon, on se sert des vodkas, les parties de cartes s'enchaînent. Quant à moi, je ne suis pas trop dans mon assiette, un peu enrhumée à cause du climat humide de cette ville côtière, je prends part à la soirée mais je reste bien emmitouflée dans mon plaid. C'est en milieu de soirée que débarque A. « Tu vas voir, il est trop drôle, c'est un grand malade », n'ont pas arrêté de me répéter les gars. Ce mec, c'est le seul de la bande que je n'ai jamais vu depuis le début de mon séjour.

Je n'ai pas choisi de vivre les émotions à moitié

À peine arrivé, il m'enchaîne à coups de punchlines, d'humour noir et de piques salaces, il a l'air de se régaler à me taquiner devant tout le monde. « Mais qu'est-ce tu fous là sous ton plaid de mamie ? Non mais Vincent, regarde sa tête ? Vincent, est-ce que t'imagine ta sœur avoir des enfants ? T'as vu, il a rigolé, j'crois que ça veut dire non... » Il passe sa soirée à m'emmerder. Une remarque, deux remarques, ça n'en finit pas. J'ai bien compris qu'il fait une fixette sur moi. Au début, je suis hyper mal à l'aise, au point de demander à mon frère s'il est possible de le virer de chez lui. Puis, ayant compris mon malaise, il change de tactique, délaisse les vannes dégradantes, il utilise maintenant sa culture et ses traits d'esprit.
J'ai dix-sept ans et lui en a vingt-trois. Sa prose et son talent pour manier les mots finissent par ne plus me déplaire. À la fin de la soirée, il m'explique qu'il doit aller chercher quelque chose et me propose de l'accompagner, il demande à mon frère l'autorisation de « m'enlever » le temps de sa course. Il est 3 heures du matin, on se retrouve dans sa voiture à tourner dans les rues de Casa, et à parler pendant des heures. Il est cultivé, il a de l'esprit, plus que beaucoup de Français de dix-sept ans que je côtoie. Je suis impressionnée, il dégage une telle confiance en lui. Du moins, c'est ce qu'il laisse paraître. Il me parle aussi de son couple, m'explique que sa copine est folle, qu'elle prend des médicaments, qu'elle est même suicidaire et qu'il veut tout faire pour ne plus être avec elle. Moi, j'essaye de comprendre où il veut en venir, son discours n'est pas toujours cohérent mais je m'accroche et je bois ses paroles.
Il finit par trouver son « truc » ; ce truc, c'est une barrette de 12 g de shit. Encore plus inspiré par la fumette, il s'adoucit à chaque minute qui passe et me fait des éloges sur ma maturité, mes yeux, ma taille et finit par me faire comprendre « physiquement » qu'il veut sortir avec moi. Il m'embrasse. Je suis un peu sonnée. Il a déjà quelques discours sur les relations hommes/femmes, et notamment sur ce que les femmes ont l'autorisation de faire ou non, mais j'essaye de ne m'attacher qu'au positif. Enfin quelqu'un d'intelligent qui s'intéresse à moi ! La nuit se termine, mon avion est programmé pour la fin de matinée, on se quitte après s'être ajoutés sur Facebook, et il me fait promettre de rester en contact.

Je pars du Maroc avec l'impression que la nuit a duré des heures comme elle a duré dix minutes. J'ai une sensation d'inachevé, tout s'entremêle entre le séjour idyllique que je viens de passer, la tristesse de laisser mon frère seul et les questions qui arrivent en pagaille dans ma tête. Est-ce que je suis en couple ? célibataire ? J'ai autant de craintes que d'étoiles dans le cœur : j'ai découvert « le pays où on pleure quand on repart », et pour ma part, je n'ai pas choisi de vivre les émotions à moitié. Enfin quelqu'un qui me comprend.

De retour en France, une relation à distance débute. Avec A., on se parle sur Skype pendant des heures, c'est douloureux comme excitant, à l'époque. Au début, j'adore ces moments. A. est passionné de religion, de géographie, il connaît l'histoire de France sur le bout des doigts. J'ai du mal à réaliser que je suis française et que je ne peux pas citer un quart des dates et événements qu'il me déballe en détail. Cet étalage de savoir a le don, je crois, de m'hypnotiser. Moi qui viens d'une famille où la culture est importante et valorisée, je suis, je pense, en train de tomber dans les mailles de ses filets.

Dès les vacances de Noël, je repars aussitôt au Maroc. Je loge à nouveau chez mon frère et j'en profite pour voir A. À ses côtés, je me sens toute petite, fragile, une fleur à délicatement soigner. « Une femme, ça ne doit pas porter un sac » : avec lui, je n'ai jamais à porter ma valise. A. m'ouvre les portes des voitures, ne me laisse jamais aller seule dans la rue. Il me prend toujours la main, surveille qui me regarde pour éviter, dit-il, qu'on m'agresse. Incroyable, personne n'a jamais eu aussi peur pour moi... Moi qui me ressens comme une sorte d'ogresse, un bonhomme, en France, avec lui je deviens une petite chose précieuse à protéger.

En écoutant le récit de sa vie, en apprenant à le découvrir davantage, j'ai enfin l'impression d'avoir trouvé une personne qui peut me comprendre : comme moi, il a de l'embonpoint et a connu le surpoids à l'adolescence. Il a par le passé été bègue et me raconte les remarques et les moqueries qu'il a subies. Entre mes complexes physiques et mon handicap petite, je m'identifie à lui. Serait-ce un matching parfait ?

RED FLAGS ALERT

Les premiers signaux d'alarme arrivent très vite, mais je ne sais pas les reconnaître. Dès ces vacances de décembre, je vais connaître la première grosse dispute.

Alors qu'avec les amis nous profitons d'une nouvelle soirée chants et guitare chez un certain M., j'ai le malheur de vouloir, moi aussi, rire avec le groupe qui s'envoie des boutades et des piques pour se taquiner. Je dis : « De toute façon, A. au lit, c'est un glaçon », en voulant dire qu'il a les pieds froids le soir. Les potes ayant l'esprit mal placé se mettent à hurler de rire et le charrient gentiment. Mais A., lui, ne rigole pas. Il devient même fou de rage. Il m'emmène dans une pièce à part et commence à m'incendier. Je suis tétanisée, je n'ai jamais vu une telle colère chez quelqu'un. Les insultes pleuvent. « T'es pas mieux que les autres, t'es une putain de merde, ferme ta gueule, t'es conne ou quoi, tu parles sans réfléchir, t'es qui, toi ? Tu vois pas que sans moi t'es rien ? » Je me dis qu'il va finir par me jeter un objet à la figure. Nos potes finissent même par descendre pour demander si tout va bien. Je fonds en larmes en m'excusant. Je suis terrifiée à l'idée de le perdre. Il s'excuse aussi mais j'insiste : « Non, c'est moi qui suis désolée. »

C'est le début d'un long processus de soumission et de dépendance. Je vais sans cesse me remettre en question et culpabiliser. *J'ai un copain, c'est du sérieux maintenant, je dois faire attention à mon comportement*. Comme il est plus âgé que moi de six ans et que je n'ai jamais été en couple, je me dis qu'il sait mieux que moi.

SOUS SURVEILLANCE

Sa prétendue attention protectrice est à double tranchant et commence très vite à ressembler à du contrôle. Même lorsque je suis en France, il surveille tous mes faits et gestes. J'en arrive à devoir « pointer » chez moi après les cours : dès que la sonnerie retentit, je me dépêche de rentrer et j'allume tout de suite Skype pour qu'il puisse voir que je suis bien à la maison, seule. Je dois aussi lui envoyer des preuves par selfies lorsque je suis avec une copine, pour montrer qu'il n'y a que nous deux. Je veux tout faire pour être au niveau de ses exigences. Quand par malheur je ne réponds pas à ses attentes ou n'envoie pas de preuve, il me ghoste pendant des heures. Moi qui suis déjà insécurisée, ces réactions de rejet et de manipulation me sont très douloureuses. La plupart du temps, il me dit que c'est de ma faute car c'est moi qui suis à distance.

Mes amies commencent à m'alerter, elles ne me reconnaissent plus. Un jour, je fonds en larmes devant l'une d'elles quand je rate ma rame de métro, comprenant que je vais être en retard sur Skype pour lui prouver que je suis bien rentrée.

LA MANIPULATION MENTALE

Je sens bien que la situation n'est pas tout à fait normale, mais je suis embrouillée par ses discours. « Une femme, tu comprends, c'est un diamant, ça appartient à son mec. » Évidemment, j'ai envie d'être considérée comme un diamant à protéger. Il y a un tiraillement fort en moi entre l'envie d'être enfin traitée comme une reine et ce sentiment d'étouffement, de privation de liberté. Je deviens complètement paranoïaque. J'ai toujours peur de faire une faute, je réfléchis à tous mes actes et tous mes mots. La culpabilisation vient se rajouter au mélange et me propulse dans des hauts et des bas émotionnels très douloureux. Je commence à faire des crises de boulimie.

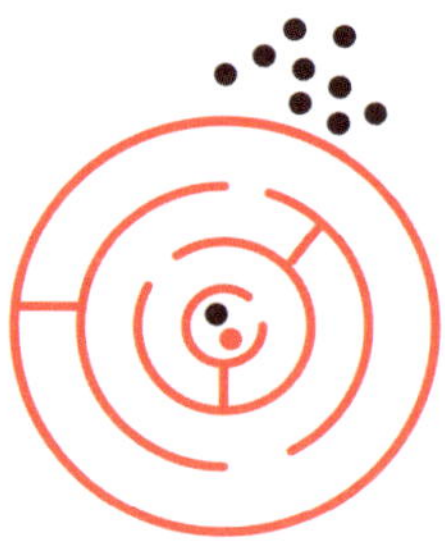

JE DOIS MÉRITER CE QUI M'ARRIVE

Si j'essaye d'être irréprochable, lui ne se gêne pas pour faire ce qui lui plaît. Il utilise la religion pour justifier ses comportements : « Une femme qui consomme des relations sexuelles avant le mariage, c'est impur. Elle ne doit pas faire ci ou ça, Dieu la regarde. Concernant un homme, tu comprends, c'est un peu différent… » Comme je ne connais ni sa religion, ni sa culture, ni les règles de la vie de couple en général, j'accepte, encore une fois en me disant que c'est sûrement normal et que toute mon éducation est à refaire. Il n'a toujours pas quitté son autre copine, et des amis essayent de temps en temps de m'en alerter. Mais je me contente de répéter son discours à lui : « Oui, je sais, mais c'est parce que c'est une folle, il ne veut pas la quitter par peur qu'elle tente de mettre fin à ses jours, mais avec moi, c'est pas pareil. »
Au fond de moi, je me raconte une autre histoire. Je suis persuadée que s'il ne la quitte pas, c'est parce que je suis moche, pas à la hauteur. Si j'en valais la peine, il ne serait qu'avec moi. Je vais tout faire pour lui plaire toujours plus. Me plier en quatre, lui offrir des cadeaux… Je suis prête à tout pour réussir à trouver la clé d'un schéma relationnel réussi.

Au fil des semaines et des allers-retours en avion à chaque vacance, mon estime de moi descend en flèche. Comme je suis française et lui marocain, il refuse pendant longtemps de me présenter à ses parents, je me sens comme une pestiférée. Il me fait parfois attendre seule des heures et des heures dans sa maison de vacances lorsqu'il va rendre visite à sa famille.
Il est addict à l'alcool et aux stupéfiants et me fait souvent des commandes dans les *duty free* pour que je lui achète des bouteilles. Il mélange tout : des pétards au petit dej, de la cocaïne le soir en sortant du boulot, le tout arrosé de bouteilles de whisky, de vodka et de rosé. J'essaye de le suivre pour comprendre son état mais heureusement, je ne suis pas comme lui, une personne ayant un irrépressible besoin de la drogue pour être heureux. Lorsqu'il est en plein trip, bien sûr, il devient adorable et sympa, mais les descentes sont violentes.
Une année, deux années, trois années, des crises, des colères, du contrôle, de l'enfermement, toutes les preuves commencent à se réunir devant moi pour me montrer que cette personne est toxique, me ment, mène plusieurs vies en parallèle et a un comportement dangereux. Pourtant, je continue. Je trouve des excuses pour tout. L'herbe ? ce doit être culturel. Ses problèmes d'alcool ? c'est parce qu'il a eu une enfance difficile. Sa violence ? c'est parce que je ne suis pas assez attentive à ses besoins.
Je suis sous son emprise et en permanence apeurée de sa réaction, à l'idée de le décevoir. J'ai autorisé une situation qui s'est installée lentement mais sûrement. En parallèle, je découvre une nouvelle facette de moi. Je commence à fouiller dans son téléphone, car je sais qu'il me trompe. Quand je trouve les preuves et que je les lui expose, il m'insulte, me traite de « grosse folle » et me balance presque le téléphone à la figure. Encore une fois, c'est moi qui finis par m'excuser. Je ne me reconnais plus et j'ai l'impression de perdre la tête.

J'ai autorisé une situation qui s'est installée lentement mais sûrement

JE M'INSTALLE AU MAROC

Je finis par me dire que nos problèmes viennent peut-être du fait que je suis à distance, et je commence à réfléchir à venir m'installer au Maroc.
Une fois mon bac obtenu, je rentre dans une école de communication visuelle qui, par chance ou par malchance, propose un échange au Maroc lors de la troisième année. À 21 ans, je pars étudier à l'école Art Com Sup' à Casablanca, pour six mois. Les insultes et le contrôle continuent. Le sentiment d'enfermement est de plus en plus présent, je me sens séquestrée. Le seul trajet que je suis autorisée à faire seule est celui de la porte de chez moi jusqu'à l'école, ou pour faire des courses. S'il n'a pas de mes nouvelles lorsqu'il en demande, il peut rentrer en furie à la maison.
Un soir, en boîte, il pète un câble. Je suis avec une copine, et je dis à A. qu'on part faire un tour aux toilettes. Quand je reviens, il me crache à la figure : « T'étais où, grosse pute, je suis sûre que t'es allée baiser aux toilettes avec Karim. » Je ne comprends pas, même venant de sa part c'est complètement fou, Karim est juste à côté de lui. Il vrille, totalement hors de lui : il me sort sur le parking, me tire par les cheveux, essaye de me frapper. Je suis terrifiée. H., un de ses amis, nous ramène tous chez lui en voiture, mais A. finit par débarquer. Il frappe mon frère qui, jusqu'alors, prenait ma défense. A. pèse 100 kg, mon frère 58. Vite, on part en courant dans la cage d'escalier et on se réfugie au-dessus du caisson de l'ascenseur. On attend là, tapis au bord du vide, pendant de longues minutes. On l'entend finalement sortir dans la rue en hurlant, après nous avoir cherchés partout dans l'immeuble. Il est en plein délire psychotique.

Le sentiment d'enfermement est de plus en plus présent

Cette expérience me traumatise et pourtant, je choisis de rester avec lui. Nous resterons ensemble encore deux ans. Mes amies qui ont été témoins de cette scène sont sous le choc, elles ne comprennent pas ma décision et finiront par me tourner le dos. Je ne sais pas pourquoi je ne suis pas encore capable de mettre un terme à cette relation à ce moment-là. Je ne m'aime certainement pas encore suffisamment. Je n'ai peut-être pas accompli par moi-même suffisamment de choses. Je n'ai, je crois à ce moment-là, pas encore réellement de plan de sortie, d'ailleurs, est-ce que je pense à sortir ? Je ne m'en crois pas capable, et je ne sais même pas si j'en ai envie. Le schéma de l'emprise est complexe.

Aujourd'hui encore, je ne saurais pas expliquer exactement ce qui m'a fait rester aussi longtemps avec lui. Une fois qu'on arrive à sortir de la relation, on est souvent abasourdi·e. C'est comme se réveiller d'un cauchemar. *Mais, comment ai-je pu ?*

Le plus complexe, avec la relation d'emprise, c'est qu'elle s'installe lentement et profondément. Tous les feux sont verts lorsqu'elle pointe le bout de son nez, les scènes de manipulation qui la composent sont si bien montées, comme celles d'une pièce de théâtre, qu'on ne peut que s'y retrouver piégé·e. *Je te bombarde d'amour, je te fais miroiter un avenir radieux, je te propulse au rang de roi ou de reine, et d'un coup je pointe du doigt ta faute, je te fais part de ma colère, je te rabaisse et t'humilie. Je fais de toi ma victime, voire je te nie dans ton existence. Je te laisse seul·e dans ta détresse, j'appuie là où ça fait mal.* La douleur est telle, l'incompréhension aussi, que pour pouvoir à nouveau sentir de l'oxygène dans tes poumons, tu cherches la solution pour abréger tes souffrances. Alors tu t'écrases au sol et rampe vers le bourreau, ravalant ton estime, ravalant ton ego. Tu laisses derrière toi tout ce qui constitue ta confiance et ton identité. T'excusant et acceptant la faute dont l'autre t'a accablé·e.

JE REPRENDS CONFIANCE EN MOI GRÂCE AU TRAVAIL ET À L'ANALYSE

Une fois mes études terminées, je commence à travailler. C'est ce qui va me sauver. Je prends conscience de mon potentiel peu à peu, ma confiance en moi grandit. Lentement mais sûrement, je reconstruis mon estime de moi-même. Et plus j'ai confiance en moi, moins son emprise est forte. Je me détache au fil des mois. Lui, en revanche, sombre de plus en plus dans ses vieux travers. Il n'est plus le mec charismatique que j'ai connu (ou dont je me suis construit l'image) et qui m'a plu. Il s'est calmé avec moi et j'ai de moins en moins peur. Mais une partie de moi se dit aussi que je ne veux pas tout quitter, je ne veux pas avoir fait tout ça pour rien.

J'analyse aujourd'hui que plus on autorise inconsciemment l'emprise à s'installer en nous, plus il est facile pour le manipulateur ou le pervers narcissique de s'immiscer et de prendre le contrôle de nos rennes. Pourquoi j'étais cette proie facile ?

J'étais mal dans ma peau, je n'avais pas d'expérience qui me permette de comparer cette relation à une autre, j'avais tendance à ne pas m'écouter, à ne pas écouter mon intuition. Là, on avait la condition numéro un pour qu'une personne malsaine se sente avec moi comme dans ses petits chaussons. Par ailleurs, j'étais pleine de potentiel, créative, communicative, rigolote et gorgée de talents. Là, on avait la condition numéro deux qui rend jubilatoire la manipulation. C'est jouissif d'écraser une personne quand elle a tout pour être en haut. *J'ai été humilié et détruit pendant l'enfance, je fonctionne donc en détruisant et en humiliant quelqu'un qui semble avoir reçu de l'amour et avoir un bagage pour être heureux*. Pour le manipulateur avec blessure narcissique, écraser le faible est donc moins excitant, il vaut mieux s'attaquer à un magnifique cheval sauvage au potentiel de champion, qui s'autosabote et ne s'aime pas, pour lui faire croire qu'il est une mule boiteuse, voire un steak haché : le kif pour soulager brièvement son ego malade. Là est la quintessence du plaisir pervers ! À tout cela s'ajoutent des conditions annexes : j'étais jeune, j'étais loin de ma famille, j'avais une autre culture. Le cocktail *Mastermind Manipulation* is P-E-R-F-E-C-T !
Quand on grandit après une épreuve relationnelle comme celle-ci, on cherche à dévorer les ouvrages, les sites Internet, les articles qui pourraient expliquer ce qui nous est arrivé. Bien que le terme « pervers narcissique » soit à la mode, mon ressenti à moi n'était pas de vouloir faire partie d'une tendance. Une fois libérée de mes chaînes, je comprenais réellement que mon identité était passée à la machine à laver. Pour trouver des réponses, je voulais tout comprendre, tout étudier. J'en avais besoin pour me reconstruire. Retirer ces mots odieux et ces maux douloureux. Grâce à des dizaines d'écrits de docteurs, chercheurs, auteurs, j'ai facilement pu mettre le doigt sur ce qui m'était arrivé. Je n'avais pas besoin de comprendre pour insulter ce bourreau, non, j'avais besoin de comprendre pour réparer mon trauma.

L'emprise n'est jamais de notre faute

J'avais été en couple avec une personne porteuse de la « triade noire », autrement appelée dans le langage commun la « perversion narcissique ». En psychologie, la triade sombre, ou triade noire, est une théorie de la personnalité développée en premier lieu par Delroy L. Paulhus et Kevin M. Williams en 2002, qui décrit un groupe de trois traits de la personnalité bien distincts : le narcissisme, le machiavélisme et la psychopathie.
Le premier volet de cette sombre triade est le narcissisme. Ce trait-là s'apparente à une mégalomanie exagérée, un certain égoïsme et un cruel manque d'empathie. L'origine en serait un mécanisme de protection à la suite de dommages ou faits d'humiliation, de violence contre le bourreau quand il était plus jeune. Ainsi je comprends que la blessure narcissique peut induire le trouble narcissique. (Étrange comme coïncidence : A. était un enfant obèse, battu et rabaissé par son père... Cherchez l'erreur...)
Le deuxième volet de la triade noire est caractérisé par la manipulation et l'exploitation des autres pour son propre intérêt, sans se soucier d'aucune morale. Intéressant. A. n'avait-il pas deux relations amoureuses en même temps pour son propre plaisir ? A. ne rabaissait-il pas ses potes en les traitant de débiles incultes pour les garder penauds sous sa coupe ? N'utilisait-il pas ses « grands » amis pour loger sa « meuf de France » comme dans un garde-meuble, pour aller et venir sans se justifier de sa double relation auprès de ses parents ? N'envoyait-il pas ses potes au charbon pour récupérer sa came ? Noooooon... Jamais. La morale ? Présente dans les grands discours, moins dans les agissements. « Moi, je suis fier d'être pratiquant, je fais mon Ramadan, tu n'as pas intérêt à louper un seul jour, Alice, Dieu compte tes hassanats (bonnes actions dans l'islam) », disait-il en tirant sur son pétard, après ses rails de coke. Une grande propension à manipuler les autres, cyniques, calculateurs, usant de ruse et de tromperie pour obtenir tout ce qu'ils veulent.
Le troisième volet, la personnalité psychopathe. Ce trait-là, le plus dangereux, je l'ai découvert lors de ses crises de colère et ses menaces. Il était exacerbé par la prise de stupéfiants. Les psychologues décrivent ce trait comme l'absence totale de sentiment de remords ou de culpabilité envers l'autre. Une superficialité émotionnelle et un manque de considération pour les autres. J'ai énormément ressenti ce penchant psychopathe lorsque je pouvais rester une semaine sans nouvelle parce que j'étais « punie » ou encore incitée à me faire du mal – « vas-y, saute ».
Prendre le temps de lire et de chercher parmi les informations n'efface pas le passé mais nous permet de décortiquer les événements et de se déresponsabiliser dans l'histoire. Ainsi, on prend conscience que ce n'est pas « de notre faute » si on a accepté tout cela ou si on s'est retrouvé·e dans cette situation-là, mais on réalise plutôt qu'on a eu la malchance de tomber sur le chemin de cette sombre personne. Le rôle qu'on joue n'est alors pas le même, et il est plus facile de se pardonner.

LE DÉCLIC

Une nuit, alors que je dors, j'entends un énorme boum dans la salle de bains. Il vient de se lever pour aller aux toilettes et a perdu connaissance : je le retrouve allongé sur le sol, dans un semi-coma, peut-être fait-il un AVC. Une pensée soudaine me traverse la tête : *je veux qu'il meure*. Oui. À ce moment précis, lorsque je le vois à terre, j'ai envie de le voir mourir. Après avoir repris mes esprits, je réalise la gravité de ma pensée. Je le mets en position latérale de sécurité et j'ai une épiphanie. C'est comme si la violence de mes pensées et cette image de lui, à terre, pathétique, me ramenaient d'un coup à la raison. C'est un déchet. Et moi je suis pleine d'énergie, de projets. *Je suis une putain de guerrière, et je ne veux pas d'un type comme ça à mes côtés pour le restant de ma vie.*

À partir de cet instant, je sais au fond de moi que je vais le quitter. Je ne sais pas encore quand ni comment, mais c'est une certitude.

LIBERTÉ CHÉRIE !

Peu de temps après, je pars en vacances en France près de Montpellier. Comme ce sont des vacances avec mes parents, il m'a autorisée à partir. Je me rends compte à quel point je me sens tout à coup comme détachée, soulagée de pouvoir vivre, enfin. J'ai le droit de dire, penser et faire ce que je veux. C'est comme si un poids avait été enlevé de ma poitrine. C'est le 15 août, nous sommes dans un gîte en pleine nature et il y a une fête dans le centre du village juste à côté. Je n'en crois pas mes yeux ! Toute cette vie et cette joie qui jaillit autour de moi. Les garçons sont torse nu, éméchés et se jettent dans les piscines des gens, les filles chantent, en maillot de bain, tout le monde se sert des parts de pizza, rigole. Moi qui arrive de ma vie au Maroc où les femmes doivent respecter des codes stricts en permanence, je suis sous le choc. J'ai 23 ans, et je redécouvre la liberté. Je passe la soirée avec plein de gens adorables et je rencontre X., qui sera plus tard mon futur compagnon.

Deux mois après mon retour au Maroc, je trouve le courage de quitter A. Sans le prévenir, je prends une après-midi de libre sur mes heures de travail pendant qu'il est au sien, je remplis mes cartons en vitesse de toute cette médiocre vie, je commande avec la complicité de mon gardien un petit camion et prends tout ce que je peux avec moi : mes affaires, mon chien. C'est une amie, ma sauveuse, Émeline, une expatriée comme moi, qui m'accueille chez elle. Les semaines qui suivent, il essaye à maintes reprises de s'excuser, il vient pleurer en bas de là où j'habite, me demande de lui pardonner. Mais c'est trop tard. Je rentre définitivement en France quelque temps après.

Le plus drôle, dans l'histoire, c'est que je le quitte à une rue de là où l'on s'est rencontrés. Durant tout le trajet jusqu'à l'aéroport, la peur ne me lâche pas. Je prie pour ne pas le croiser. Je passe enfin la douane. Ouf, je serai bientôt en sécurité.
Quand je pose le premier pied en France, l'effet est immédiat : c'est comme si on venait de me sortir d'une longue et lente apnée forcée. Je respire à nouveau. C'est une nouvelle vie qui s'offre à moi. Je me rends compte de la chance que j'ai eue de pouvoir m'éloigner physiquement, cette distance m'a beaucoup aidée dans ma guérison. Toutes les victimes de relation d'emprise n'ont pas cette chance.

L'APRÈS

Pour autant, cette relation ne m'a pas laissée indemne. J'ai des épisodes de cauchemars répétés et je vais prendre six longs mois avant de penser à retravailler. En arrivant en France, je me mets tout de suite en couple avec X., rencontré lors de mes vacances. Et je me découvre très dure. C'est presque comme si j'inversais le schéma que je venais de connaître. Je me suis forgé une armure, jusqu'à parfois devenir moi-même une sorte de mini-bourreau. J'ai tant vécu l'enfermement, l'humiliation et le fait d'être rabaissée que je ne supporte plus les situations de domination ou le fait qu'on m'impose telles fréquentations. Bien que X. soit une personne adorable, il n'est reste pas moins entouré de potes hypocrites. Tous parlent les uns sur les autres, et tout le monde cautionne ça. Ils constituent une pseudo-clique soudée, moi je ne vois que des gamins qui ne sont pas terminés. *Plus personne ne me contrôlera. Plus jamais je ne passerai au second plan.* Ce sont les promesses que je me suis faites. Depuis mon départ en 2014, l'eau a coulé sous les ponts. J'ai connu trois relations. Je me suis progressivement épanouie et apaisée. Aujourd'hui, j'espère pour A. qu'il va mieux. Ne serait-ce que pour la femme qui peut-être partage sa vie. Je lui souhaite de ne pas avoir encore absorbé un mélange qui lui ait coûté la vie. Encore aujourd'hui, dix ans plus tard, il m'arrive de rêver qu'on m'appelle tard le soir, au bout du fil c'est une femme qui dit subir le martyre. De ces relations, je pense qu'on ne sort jamais vraiment indemne. Mais ce qui nous sauve, c'est d'apprendre que l'on s'aime.

De ces relations, je pense qu'on ne sort jamais vraiment indemne

L'amour, la peur : tout se mélange

LE RÔLE DE LA PEUR DE L'ABANDON

Ce qui me frappe quand je repense à cette histoire, c'est ma peur panique qu'il puisse me quitter. Je crois que c'est elle, entre autres, qui m'a poussée à accepter des choses inacceptables. *Tout plutôt que perdre toute cette énergie, ce temps investi.* C'était mon état d'esprit. Travailler cette blessure est pour moi indispensable lorsqu'on a été confronté·e à ce genre de relation. Lorsqu'on est en relation d'emprise amoureuse, on pense vivre une parfaite idylle, agrémentée d'émotions fortes. Les épisodes de souffrance et de violence psychologique ou physique sont tellement forts que les moments positifs d'amour semblent, par contraste, totalement incroyables. Tout se mélange. Alors qu'on pense dur comme fer avoir peur de perdre la personne qu'on aime, on a en fait peur de devenir « cette merde seule » que la personne toxique nous dépeint lorsqu'elle parle de nous.

> AVEZ-VOUS DÉJÀ RESSENTI CETTE PEUR DE L'ABANDON ? COMMENT VIENT-ELLE SE MANIFESTER DANS VOS RELATIONS ? QUELLE CROYANCE NOCIVE POUR VOUS ENTRETIENT-ELLE ?

GARDER UN ESPACE À SOI

Ce qui m'a sauvé, c'est la passion pour le travail. Mais cela peut être autre chose. Il est vital de pouvoir mettre un pied hors du cercle étouffant et destructeur de la relation d'emprise. J'ai bien conscience qu'il est plus facile de le dire que de le faire étant donné que ce type de personne aura tendance à vous isoler, à vous couper de vos proches et de toutes les choses qui vous nourrissent. Garder le contact avec ses proches, parler de la relation, c'est une des clés vers la libération.

> QUELS ESPACES DE VOTRE VIE EXISTENT UNIQUEMENT POUR VOUS, EN DEHORS DE VOTRE RELATION AMOUREUSE, SI VOUS EN AVEZ UNE ?

SE RECONSTRUIRE GRÂCE À LA CRÉATIVITÉ ET À LA PRATIQUE ARTISTIQUE

Quand je me suis lancée dans la chanson six ans plus tard, j'ai tout de suite su que j'allais parler de ce sujet. Cette relation avait été l'une des épreuves les plus difficiles de toute ma vie. Moi qui suis parfois connectée à mes émotions de manière extrême, l'un des rares moments où je ressentais la force de les exprimer sereinement, c'était lorsque j'en parlais de manière artistique. Cette histoire a nourri ma créativité. Elle a nourri ma force et mes ambitions. Mes chansons, mes dessins au coin d'une table, mes posts qui en parlaient sur mon feed Instagram ont été une sorte de thérapie.
Je suis toujours émerveillée de voir le pouvoir transformateur de la créativité et de toute activité artistique. Mettre sa peine et sa douleur en chanson, en mots, ou en peinture nous en allège, on alchimise la souffrance.
Tout le monde n'a pas la chance d'avoir des talents dans des disciplines artistiques. Mais l'art se trouve partout à qui veut bien le voir. Se parler à soi, gratter un texte, consommer des documentaires, parler autour d'un feu. L'émotion artistique peut s'exprimer comme s'absorber pour mieux accueillir et trier les douleurs du passé.

> AVEZ-VOUS PENSÉ À CRÉER VOTRE *SAD-PLAYLIST* ? VOUS SAVEZ, CETTE PLAYLIST OÙ L'ON SE FORCE À SE REMETTRE DANS UN MOOD DE TRISTESSE, PAS PARCE QU'ON EST SADO-MASO, MAIS PARCE QU'ON AURAIT BIEN BESOIN DE LAISSER ENCORE UN PEU NOS ÉMOTIONS S'EXPRIMER CAR ELLES N'AVAIENT PAS ENCORE EU LE TEMPS OU L'OCCASION DE SORTIR COMPLÈTEMENT.

Mettre sa peine en mots alchimise la souffrance

UN SCHÉMA QUI SE RÉPÈTE

Après cette première relation d'emprise, je vais en connaître deux autres : une dans le domaine professionnel et une autre en amitié. C'est d'ailleurs cette dernière qui va me faire le plus mal. Je vais la vivre comme une trahison terrible et avoir des séquelles pendant de longs mois : peur de la recroiser, culpabilisation extrême par rapport au fait de ne pas avoir vu les signes... Les relations toxiques ne se limitent malheureusement pas à la vie amoureuse, elles correspondent à un schéma relationnel qui peut se retrouver partout. C'est pour cela qu'il est important de travailler sur soi en profondeur, et d'aller comprendre pourquoi cette situation se répète. Les schémas familiaux sont souvent à l'origine de ce genre de problématique, et aller les explorer, avec un thérapeute ou non, peut vous aider à vous en libérer.

Pour ma part j'ai compris que si les relations d'emprise se répétaient, c'est que je ne prenais jamais assez le temps de m'aimer suffisamment moi-même. Alors certes j'avais compris pour la relation amoureuse toxique, et n'y suis plus retombée, mais en ayant encore des stigmates de manque de confiance en moi, j'ai permis à d'autres relations malsaines (travail/amitié) de rentrer dans mon cercle privé.

> AVEZ-VOUS PRIS LE TEMPS DE VOUS RECONNECTER À VOUS APRÈS CE TOURBILLON DE L'EMPRISE ? COMPRENEZ-VOUS QUE, BIEN QUE VOUS N'AYEZ PAS EU DE CHANCE EN RENCONTRANT CETTE PERSONNE NÉFASTE, IL Y A AUSSI UNE PART DE VOUS, EN LIEN AVEC UN FORT DÉSAMOUR OU UNE INCAPACITÉ À POSER VOS PROPRES LIMITES, QUI A RENDU LA TÂCHE PLUS SIMPLE À LA PERSONNE QUI CHERCHAIT À VOUS PLONGER LA TÊTE DEDANS ?

DE LA COMPASSION

Après coup, on peut avoir tendance à être dur·e avec soi-même, et à se sentir coupable. *Comment ai-je pu accepter une chose pareille* ? La vieille rengaine « c'est de ma faute » réapparaît. Vous n'avez pas à vous condamner ou vous remettre en question. Vous avez beaucoup souffert, vous avez été victime, et vous méritez de la compréhension, du temps, et de la douceur pour vous reconstruire.

> COMMENT POUVEZ-VOUS FAIRE PREUVE DE COMPASSION ENVERS VOUS-MÊME, QUELLE QUE SOIT VOTRE SITUATION ?

S'ENGAGER ET AIDER LES AUTRES

Il est possible d'obtenir réparation en agissant. Pour me sentir mieux, j'ai un temps ressenti un fort besoin de devenir porte-parole d'une asso qui œuvrait contre les violences faites aux femmes. Le fait d'investir de l'énergie dans ce combat m'a permis de donner un sens à ce que j'avais vécu. J'ai eu besoin de témoigner et d'entendre des témoignages. J'ai eu besoin de donner la parole à d'autres femmes lorsque j'en ai eu l'occasion. Ainsi j'ai imaginé une vidéo-enquête qui s'attaquait aux pervers narcissiques. Je continue tous les jours d'échanger avec des hommes et des femmes qui subissent une relation d'emprise par l'intermédiaire des réseaux sociaux. Et je pense finalement que je n'arrêterai jamais de me sentir portée par cette mission.
Trouver le moyen de créer des connexions et du sens par l'aide et l'entraide est l'une des étapes qui m'ont permis une reconstruction des plus puissantes et profondes. Nous sommes des êtres sociables et nous vibrons par nos connexions.

> QUELLE ACTION POUVEZ-VOUS METTRE EN PLACE DÈS MAINTENANT POUR SORTIR DE LA POSITION DE VICTIME ET REDEVENIR ACTRICE OU ACTEUR DE VOTRE VIE ? ELLE PEUT ÊTRE TOUTE PETITE. POUR MA PART, JE CROIS DUR COMME FER AU POUVOIR GUÉRISSEUR DU PASSAGE À L'ACTION.

LES CADEAUX CACHÉS

J'ai tellement été privée de ma liberté que j'ai appris à lutter pour et à en savourer chaque seconde. J'ai décidé d'être moi-même, de ne plus me mettre aucun frein et de me réaliser quoi qu'il advienne. C'est cette relation et ses traumatismes qui m'ont donné la force et le courage d'entreprendre, de me lancer dans tant d'aventures. Quand on a déjà eu peur pour sa vie ou son intégrité, tout devient relatif, les challenges qui se présentent paraissent petits. La peur de se planter ? S'afficher devant trois cents personnes en conférence ? Ce n'est rien comparé à mon désir de ne plus jamais me laisser enfermer. Alors j'y vais, je fonce ! Ces années sombres m'ont donné l'urgence de vivre. Je ne serais jamais devenue qui je suis sans elles.
J'ai aussi appris que j'étais capable de me relever du pire. Que même si je me retrouvais à nouveau dans ce genre de circonstances, je saurais m'en sortir. J'ai appris à ne pas m'appesantir sur les situations difficiles, à ne pas tomber dans le drama en ressassant mon manque de chance. Se répéter que le monde nous accable et qu'on ne maîtrise plus rien ne nous aidera pas à traverser nos épreuves. Se traiter avec bienveillance, oui ; se victimiser, non. Et bien sûr, j'ai appris à repérer les personnes avec qui pourrait se créer une relation toxique. À force, j'ai développé une sorte de radar corporel, et cela me permet de m'éviter bien des situations compliquées.

“La liberté
ne se vole pas,
ne s'oublie jamais,
elle est à toi,
tu la contrôles et
en es le maître.”

COMMENT RECONNAÎTRE UNE PERSONNE QUI POURRAIT VOUS FAIRE SOMBRER DANS UNE RELATION D'EMPRISE ?

1 | LA PÉRIODE DE « LUNE DE MIEL »

Une phase de séduction et de jeux de charme démarre bien souvent ce type de relations. Les manipulateur·rice·s, pervers·es narcissiques, sont souvent décrit·e·s comme charismatiques dès le début de la relation.

2 | LE PROCÉDÉ DE MANIPULATION

Dans ce type de relation vous pourrez vous sentir comme désorienté·e, la personne prêchera le faux pour avoir le vrai, cherchera à vous mettre à bout pour ensuite juger votre réaction. Cette phase est celle de la manipulation émotionnelle. Ce type de personnes manipulent souvent les autres pour obtenir ce qu'elles veulent.

3 | LE MANQUE CRUEL D'EMPATHIE

Dans une relation d'emprise, un indice très significatif de la toxicité de la personne réside dans le fait qu'elle ne ressent en face de vous aucune once de compassion. Les personnes manipulatrices ou perverses narcissiques ont peu d'intérêt pour les sentiments des autres.

4 | LE BESOIN D'ADMIRATION CONSTANTE

Beaux parleurs, les personnes manipulatrices ou atteintes de « triade noire » auront tendance à rechercher l'admiration de l'ensemble de leur entourage.

5 | LE SENTIMENT DE SUPÉRIORITÉ

Ces personnes se sentent supérieures aux autres dans toutes les circonstances. « J'ai plus de connaissances », « j'ai plus de culture », « mes potes sont des débiles », « ta famille ne comprend rien ». Elles se considèrent comme étant au-dessus de tout.

6 | LA VIOLENCE DES MOTS

Les pervers·es narcissiques utilisent le langage pour blesser l'autre, afin de le ou la déstabiliser et lui faire perdre confiance en lui ou en elle. Dévaloriser, insulter, humilier permet de prendre le contrôle, asseoir sa puissance, faire peur et dominer.

7 | CES PERSONNES NE PRENNENT JAMAIS LEUR PART DE RESPONSABILITÉ

La personne toxique aura du mal à assumer la responsabilité de ses actions. Reconnaître ses torts, accepter ses fautes ne fait pas partie de ses habitudes.

8 | ELLES EXAGÈRENT LEUR PROPRE EXISTENCE

Avec un égocentrisme exacerbé, leur parcours est toujours plus brillant, leur place dans un groupe toujours centrale. Elles aiment être considérées comme les leaders, les meneur·euse·s et aiment être traitées en conséquence.

9 | ELLES FONCTIONNENT DE MANIÈRE TOXIQUE POUR LES AUTRES MAIS SURTOUT POUR ELLES-MÊMES

La personne ayant la position de bourreau dans la relation d'emprise aura tendance à avoir un comportement addictif pour tout ce qui a trait à l'argent, l'alcool, les stupéfiants, les relations extraconjugales. Ces personnes sont instables. Dangereuses pour les autres comme pour elles-mêmes.

10 | LES MENSONGES HORS PAIR !

Le mensonge viendra régulièrement toquer à la porte au cours d'une relation d'emprise. Même si vous le réalisez et essayez de mettre la personne face aux faits incontestables, cette dernière retournera coûte que coûte la situation à son avantage, bien que les preuves l'accablent.

11 | UNE JALOUSIE IMBUVABLE !

Ces personnes se présentent comme excessivement possessives et jalouses. L'adage « Fais ce que je dis et pas ce que je fais » leur va comme un gant ! En plus de faire une crise pour accuser l'autre des pires horreurs. La crise de jalousie sera bien souvent une excuse pour cacher leur mauvais comportement (adultère, par exemple). Elles enfermeront leur victime dans la peur de se faire prendre en défaut même si elle est irréprochable. Cette jalousie sera propice à la paranoïa que développera la victime par peur de faire un pas de travers.

12 | LA STRATÉGIE D'ISOLEMENT

Dans la relation d'emprise, le bourreau peu à peu isole sa victime. Régulièrement, il commencera par des remarques au sujet du cercle amical, puis familial. Ce processus d'isolement forcé pourra s'étendre aux activités professionnelles, aux loisirs. Le ou la pervers·e narcissique pourra même décider du calendrier de sa victime, avec qui elle peut parler, comment elle doit s'habiller.

13 | LES CYCLES SÉDUCTION-DOMINATION

Ces personnes alternent entre des phases de grande tendresse, de mots tendres, d'attentions adorables avec de violentes colères, des phases d'humiliation et de rejet pour conserver le pouvoir.

14 | LES CRITIQUES JUMELÉES AU HARCÈLEMENT

Pour s'affirmer, les pervers·es narcissiques auront une grande facilité à rabaisser les victoires de leur victime. Ces personnes pourront s'attaquer au physique, aux choix de vie, au statut professionnel. Elles ont besoin d'affirmer oralement leur supériorité.

15 | ELLES N'ONT PAS D'AUTODÉRISION ET NE SUPPORTENT PAS LE JUGEMENT

Dans la relation d'emprise, la personne toxique présentera des signes d'une grande susceptibilité. Elle sera dans l'incapacité d'accepter le rejet sous toutes ses formes et ainsi ne supportera ni les blagues à son égard, ni les critiques. Ainsi, en recevant une remarque, elles pourront réagir de manière agressive, vindicative et même violente.

L'ÉCLAIRAGE DE Sandrine Mallet

Thérapeute couple et famille
@psy_sandrine_mallet_lecharny

Tout le monde n'est pas égal devant le risque de tomber dans une relation d'emprise. Voici quelques clés pour cerner ce qui rend vulnérable :

1. Un manque d'estime de soi

Les personnes se retrouvant victimes de relations toxiques avec emprise présentent souvent des profils psychologiques variés mais partagent des traits communs. Elles peuvent avoir une faible estime de soi, cherchant souvent l'approbation et la validation des autres. Empathiques et sensibles, elles ont tendance à mettre les besoins des autres avant les leurs, ce qui les rend vulnérables à l'emprise d'une personne manipulatrice telle qu'un·e pervers·e narcissique.

2. Des modèles et des comportements dysfonctionnels

Ces individus peuvent aussi avoir des antécédents de traumatismes ou de dysfonctionnements familiaux. Parfois, ils ont peur de l'abandon ou de la solitude, sont possiblement dépendants affectifs, ce qui les pousse à rester dans des relations malsaines tout en étant conscients du caractère destructeur de la relation. Ils peuvent également avoir du mal à communiquer et ont tendance à fuir les conflits, ce qui les rend incapables d'établir des limites claires.

3. Des fragilités affectives ou mentales

Certains peuvent être en proie à des troubles affectifs comme la dépression ou l'anxiété, ce qui rend difficile pour eux de reconnaître les signes d'une relation toxique ou de prendre des mesures pour s'en éloigner.
Ces schémas relationnels dysfonctionnels peuvent se retrouver au sein des relations amoureuses, mais aussi amicales et/ou professionnelles.
Être acompagné·e par un·e thérapeute est bien souvent nécessaire, voire indispensable, pour trouver les origines et sortir de ces schémas relationnels dysfonctionnels.

Pour éviter de retomber dans ce schéma de relation toxique, voici deux clés importantes :

1. Développer une estime de soi solide et établir des limites claires

Il est essentiel d'établir et de maintenir des limites personnelles claires dans une relation. Cela implique de communiquer ouvertement ses besoins et ses attentes, de refuser de tolérer les comportements abusifs et de préserver son indépendance émotionnelle, sociale.

2. Apprendre à reconnaître les signes avant-coureurs

Être conscient·e des comportements toxiques (dévalorisation, chantage affectif, mensonge, jalousie excessive, isolement...) et des tactiques de manipulation permet de prendre des décisions éclairées et de mettre fin à la relation dès que les premiers signes apparaissent.

L'ÉCLAIRAGE DE Oriana

Coach en développement personnel spécialisée dans les relations amoureuses
@orianaconseil

Trois étapes pour sortir de l'emprise :

1. Reconnaître l'emprise

C'est le point le plus important et le plus complexe car le début de la relation est idyllique. La personne paraît idéale, elle se présente sous son meilleur jour et va faire en sorte que nous lui accordions toute notre confiance, aveuglément. Quand les premières tensions arrivent (humiliation, dévalorisation, isolement, chantage affectif...), nous allons donc avoir tendance à penser qu'il ne s'agit que d'une mauvaise phase, et que la personne finira par aller mieux et redevenir comme elle était. Ce genre de personne peut aussi nous manipuler jusqu'à nous faire douter de nos ressentis, de nos perceptions, de sorte qu'on a du mal à distinguer le vrai du faux. Accepter que l'on est sous emprise, c'est déjà faire 50 % du travail.

Attention toutefois à ne pas tomber dans l'excès inverse et à voir de la manipulation partout. Les relations amoureuses sont complexes et vont forcément générer des tensions ou des conflits. La mésentente est normale dans les couples, la manipulation, le chantage, la colère peuvent forcément exister aussi. À mon sens, bien que difficile à percevoir, il y a toutefois plusieurs indices à observer pour faire la différence entre relation désagréable et relation d'emprise. Dans l'emprise, il y a d'abord cette périodicité de la fluctuation d'humeur. Le sentiment de perte de contrôle omniprésent. La régularité et la multiplication des épisodes de colère et d'humiliation. Le sentiment de devoir remettre en question intégralement nos valeurs, notre image, nos agissements. Le sentiment de devoir se justifier, faire attention à ses paroles, être coupé de son entourage, avoir parfois même peur pour sa vie, développer des troubles anxieux, des troubles du comportement alimentaire, des tocs... Et surtout recevoir de plus en plus de témoignages extérieurs de proches inquiets pour nous.

2. S'écouter

C'est le deuxième pas à faire : il s'agit de se reconnecter à soi en se posant des questions. *Suis-je heureux·se dans cette relation ? Suis-je en train de me respecter ? Ai-je peur de faire certaines choses à cause de possibles reproches ? Quelles sont mes valeurs, et sont-elles respectées dans cette relation ? S'il y a eu des insultes, par exemple, ai-je dit clairement que ce n'est pas quelque chose que j'acceptais, ou ai-je laissé faire ?*

C'est un travail de confiance en soi et d'estime de soi. Écouter son entourage est aussi très important.

3. Mettre un terme à la relation

Enfin, il faut partir. Se sauver de cette situation toxique est la seule issue. On espère souvent que l'on pourra faire changer l'autre, mais c'est impossible. Passer à l'action peut prendre du temps, parfois un choc est nécessaire (problèmes de santé, des enfants qui subissent les dommages collatéraux de la relation...).

Il est important de se faire accompagner pour traverser ces épreuves.

C'EST À VOUS !

EXO 1 Le violentomètre pour mesurer si votre relation est respectueuse

Si aujourd'hui, à 32 ans, je vois à quel point cette relation était violente et toxique pour moi, à 17 ans, je n'avais pas le recul ni la maturité de m'en rendre compte. Heureusement, les choses évoluent et des outils se sont développés pour sensibiliser aux violences au sein du couple. Vous connaissez le violentomètre ? C'est cette échelle créée par l'association En Avant Toute(s), en collaboration avec les Observatoires des violences faites aux femmes de Seine-Saint-Denis et de Paris et la Ville de Paris, qui vous permet de mesurer si votre relation est bien basée sur le respect et le consentement.

Coloriez les cases qui correspondent à votre situation dans la couleur de la thématique pour prendre conscience de la violence qui existe peut-être dans votre relation.

Profite ! Ta relation est saine quand il ou elle…	respecte tes décisions et tes goûts.	
	respecte ta famille.	
	est content·e quand tu te sens épanoui·e.	
	a confiance en toi.	
	s'assure de ton accord pour ce que vous faites ensemble.	
Vigilance, dis stop ! Il y a de la violence quand il ou elle…	t'ignore durant des jours quand il ou elle est en colère.	
	te fait du chantage si tu refuses quelque chose.	
	rabaisse tes opinions et tes projets.	
	se moque de toi en public.	
	te manipule.	
	est jaloux·se en permanence.	
	contrôle tes sorties, habits, maquillage.	
	fouille dans ton téléphone et consulte tes textos, mails, applis.	
	insiste pour que tu envoies des photos intimes.	
	t'isole de la famille et de tes amis.	
Protège-toi, demande de l'aide ! Il y a de la violence quand il ou elle…	te traite de fou ou de folle quand tu lui fais des reproches.	
	pète les plombs lorsque quelque chose lui déplaît.	
	te pousse, te tire, te gifle, te secoue, te frappe.	
	menace de se suicider à cause de toi.	
	touche tes parties intimes sans ton consentement.	
	menace de diffuser des photos intimes de toi.	
	contrôle tes sorties, habits, maquillage.	
	t'oblige à regarder des films porno.	
	t'oblige à avoir des relations sexuelles.	

EXO 2

Des bonhommes allumettes pour couper une relation toxique

Lorsqu'on est en relation avec quelqu'un, il peut être difficile de couper les liens qui se sont noués et qui peuvent être toxiques. Pour y parvenir, je vous recommande le rituel des bonhommes allumettes* créé par Jacques Martel.

1 | **Dessinez deux bonshommes simples,** l'un vous représente, l'autre représente la personne qui vous garde sous emprise. Écrivez votre prénom et le prénom de l'autre personne.

2 | **Raccordez les sept chakras** des deux bonshommes avec sept traits de couleurs correspondant aux chakras (voir illustration).

3 | **Une fois les bonshommes raccordés,** imaginez une très grande bulle de protection vous enveloppant, en vous entourant par un premier cercle. Tracez des rayons de lumière comme ceux du soleil. Enfermez la personne toxique avec un même cercle de lumière pour l'empêcher symboliquement d'agir contre vous.

4 | **Tracez un dernier très grand cercle de lumière** pour entourer le tout, comme pour symboliser une dernière fois votre relation.

5 | **Découpez la feuille entre les deux bonshommes,** tranchant les liens symboliques entre vous.

6 | **Conservez précieusement le bonhomme** qui vous représente en posant l'intention de vous apprécier, vous protéger, vous chérir le plus possible à partir d'aujourd'hui.

7 | **Détruisez l'autre morceau** de la manière que vous le souhaiterez (eau, coups de ciseaux, boule froissée) pour symboliser votre promesse de couper ces liens restants entre vous et la personne toxique.

8 | **Débarrassez-vous des débris** à l'extérieur de votre domicile.

9 | **Et next : ça dégage !**

*Vous trouverez le tutoriel vidéo sur la chaîne Youtube de Julie Saba @BlogEtreoptimiste.

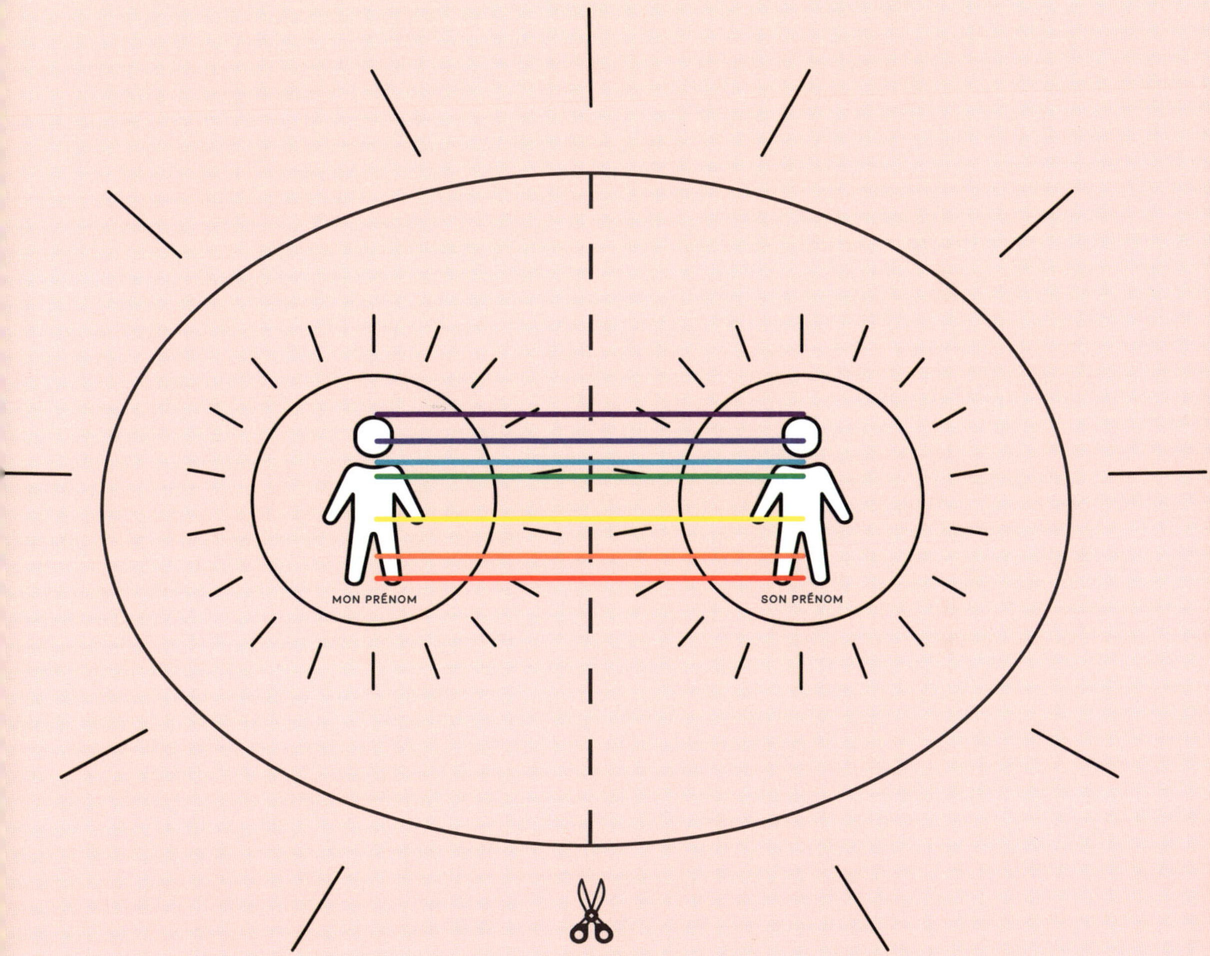
MON PRÉNOM
SON PRÉNOM

EXO 3

Les sensations, vos guides pour vous alerter du danger

Vous avez connu une relation toxique ? Essayez de vous souvenir de la toute première fois où vous avez rencontré cette personne. Allez chercher aux fins fonds de vos souvenirs, ô combien vous aviez déjà des indices sur la toxicité, comment votre corps et votre intuition étaient déjà en alerte et combien vous étiez déjà capable de vous rendre compte que vous aviez toutes les armes pour éviter cette situation.

....

....

....

....

....

....

....

....

....

....

....

....

En vous replaçant dans le contexte de ces souvenirs, réalisez combien vous pouvez vous faire confiance aujourd'hui, combien vous êtes capable d'être le ou la meilleur·e décisionnaire pour vous même.

EXO 4

Une lettre pour établir vos attentes et vos non-négociables

Et si vous écriviez la lettre de ce que vous méritez et désirez recevoir à travers une relation de couple ? Que vous soyez célibataire ou en couple, posez sur la feuille toutes ces valeurs, ces besoins, ces envies que vous souhaitez retrouver en couple.

Pour vous inspirer, voici quelques exemples dans mon cas.

Plus jamais un homme ne m'empêchera de faire mes propres choix. Même si au fond je peux me tromper, me casser la gueule, je veux qu'il soit là pour me soutenir, mais je ne veux pas qu'il m'interdise quoi que ce soit. Je veux pouvoir m'habiller comme je l'entends, avoir des amis de tous les styles et tous les genres. Je veux pouvoir être libre de travailler, être ambitieuse. Aussi, je ne veux plus d'un camé. J'estime mériter de la fidélité, de la loyauté, de la confiance. Je veux un homme gentil.
Cet homme, je l'ai trouvé, il a plein de défauts, c'est clair. Il est tête en l'air, en retard et parfois un peu casse-cou. Mais il est fidèle, loyal, me fait une confiance aveugle, ne me cache pas ses réseaux sociaux. Il n'est ni jaloux ni possessif. Il s'occupe de moi tous les jours. Chaque matin, il m'apporte le café. Il me prépare régulièrement à manger quand il sait que je travaille trop. Il m'estime et me respecte.
C'est grâce à une petite liste comme celle ci-dessus que j'ai pu petit à petit découvrir ce que j'autorisais a minima ou non et qui collait à mes valeurs. Lorsqu'on prend conscience de ce qu'on vaut, on l'obtient.

À vous !

....

....

....

....

....

EXO 5

Une liste de red flags pour vous préserver des personnes toxiques

Établir une liste de *red flags*, autrement dit de « signaux d'alerte », vous permettra d'entrer dans une nouvelle relation en étant plus en conscience et de ne pas vous faire avoir une nouvelle fois.

Voici la mienne :

- ❏ Il/Elle ne prête pas attention à moi, sauf quand il/elle a besoin de moi.
- ❏ Il/Elle me demande sans arrêt des photos de moi.
- ❏ Il/Elle ne parle que de lui/d'elle.
- ❏ Il/Elle n'a jamais son portefeuille.
- ❏ Il/Elle annule tous nos rendez-vous.
- ❏ Il/Elle ne m'offre jamais de cadeaux.
- ❏ Il/Elle fait preuve de violence.
- ❏ Il/Elle fait des remarques sur mon physique.
- ❏ Il/Elle use de violence psychologique.
- ❏ Il/Elle discute via une plateforme mais refuse que l'on se retrouve en vrai.
- ❏ Il/Elle répète qu'il/elle a peur de s'engager.
- ❏ Il/Elle file systématiquement après le sexe.
- ❏ Il/Elle essaye de contrôler mon image (ou mon corps).
- ❏ Il/Elle parle mal de son ex.
- ❏ Il/Elle pique de grosses colères.
- ❏ Il/Elle veut m'éloigner de mes proches.
- ❏ Il/Elle n'accepte pas mes défauts et me demande de tout changer.
- ❏ Il/Elle me rabaisse en public.
- ❏ Il/Elle est extrêmement susceptible.
- ❏ Il/Elle me couvre de compliments, de cadeaux, en mode too much.
- ❏ Il/Elle me cache souvent son téléphone.
- ❏ Il/Elle critique mon entourage.
- ❏ Il/Elle a toujours raison.
- ❏ Il/Elle change de personnage en public.
- ❏ Il/Elle ne se projette pas avec moi.
- ❏ Il/Elle me demande de pointer.
- ❏ Il/Elle me demande de rester à ma place.
- ❏ Il/Elle est extrêmement jaloux·se.

Liste non exhaustive !

RELEVEZ LE DÉFI EN VRAI #3

Rendez-vous sur mon compte Instagram
www.instagram.com/alicecatdesigner dans la story à la une : « Solide ».

Faites un screen de ce visuel et écrivez le type de relation que vous n'accepterez plus jamais en le partageant dans votre story.

N'oubliez pas de taguer **@alicecatdesigner** si vous souhaitez que je repartage votre nouvelle promesse envers vous et votre vie future ! Comme cela, ce sera acté pour de bon !

....

....

....

....

....

....

....

....

....

....

....

....

....

....

....

Ce chapitre de ma vie est dur à dévoiler pour moi. Il blessera mes parents. Il pourra ternir mon image. Pourtant il est primordial. Quand j'étais malade, j'ai eu beaucoup de mal à trouver du soutien et des réponses à mes questions. J'aurais aimé pouvoir lire le récit de vie sincère d'une personne ayant connu le même chemin que moi. Je me suis juré que si un jour j'allais mieux, je braverais ma honte et deviendrais la Robin des Bois des boulimiques-anorexiques !

Vous qui dévalisez les frigos, vous privez de manger pendant cinq jours, sortez des toilettes la gorge en feu, sachez que je connais votre sentiment de solitude et votre HONTE. Personne ne sait l'horreur que vous vivez à l'intérieur.

Vous qui me lisez, je suis là. Ces quelques pages ne seront pas très agréables, je le sais. Mais je les écris en toute bienveillance, pour vous apporter tout l'amour que vous ne vous autorisez pas.

CHAPITRE 4

FOOD ADDICT

LES TCA AU MENU

UNE BOÎTE À FUSIBLES PRÊTE À EXPLOSER

Pour moi, les troubles du comportement alimentaire (TCA) sont comme une boîte à fusibles. Ils se déclenchent quand plusieurs de ces fusibles sont activés.
Il n'y a pas eu une seule raison à mes TCA, mais bien un ensemble de facteurs :
— une puberté violente et un corps que je ne reconnais plus : check ✔ ;
— une famille qui juge mon corps et qui juge en permanence mon rapport à la nourriture : check ✔;
— une estime de moi très faible : check ✔;
— des critiques au collège et au lycée : check ✔;
— une société qui me bombarde d'images incohérentes de mannequins épais comme des feuilles A4 en couverture de magazines, en même temps que d'affiches en 4×3 du dernier *Big Mac double cheddar* : check ✔;
— et le dernier fusible, une relation toxique et destructrice : check ✔ et re-check ✔.
Tous les voyants sont au vert pour que je tombe dans de vrais troubles du comportement alimentaire. Ajoutez à cela ma tendance à ne pas exprimer mes émotions, à me montrer forte quoi qu'il arrive, et vous avez le cocktail parfait.

LA RENCONTRE QUI VA TOUT CHANGER

Dès la puberté, je commence à manger mes émotions. Cela se traduit par plus de gourmandise que d'habitude, je me ressers plusieurs fois, prends deux desserts... Puis, vers 15 ans, je fais mes premières crises de gloutonnerie, généralement quand un conflit apparaît dans la famille, ou pire, quand un conflit n'a pas été réglé. Comme je prends du poids, je suis de moins en moins bien dans ma peau, et comme je me sens mal, je mange pour compenser... Le cercle vicieux est lancé. Régimes, anorexie, privations, hyperphagie... J'en suis là quand, à 19 ans, une fille qui fait les mêmes études que moi me révèle une « astuce » qui va me faire basculer dans des troubles beaucoup plus sévères.
Je me souviens encore de la scène : on vient de manger des pâtes dans un resto italien et on est rentrées chez elle. Elle s'absente aux toilettes en m'expliquant qu'elle ne se sent pas bien parce qu'elle a trop mangé. Lorsqu'elle revient, elle m'avoue qu'elle ne garde pas souvent les plats trop copieux. « Je n'arrive pas à digérer quand je mange trop, j'ai pas le choix, le gras fatigue mon corps. Et puis je veux garder la ligne », m'explique-t-elle. Elle me révèle alors son « truc » : elle met une brosse à dents dans sa gorge pour se forcer à vomir. Et d'après elle, c'est la vie !
Je trouve ça fascinant. *Elle contrôle tout !* Moi qui suis dans une relation (à l'époque à distance) qui me détruit à petit feu, avec mon estime au plus bas, j'ai l'impression que c'est la solution miracle à tous mes problèmes. Si j'arrive à rester mince, je serai enfin aimée !

LA DESCENTE AUX ENFERS

J'essaye quelques fois mais sans succès. La technique ne marche pas. « Insiste, me dit cette pote, ça va finir par fonctionner. » Et en effet. À force de persévérance, je réussis à me faire vomir avec la brosse à dents toute neuve qu'elle m'a prêtée. C'est le début d'une longue descente aux enfers mais, à ce moment-là, je ne le sais pas encore. Au contraire, je suis ravie : tout est possible maintenant, je peux ingérer et régurgiter tout ce que je veux !
Au début, je le fais seulement avec mes repas. Miracle, je fonds à vue d'œil ! Pendant une petite période magique, je me dis que je vais enfin pouvoir laisser tous mes problèmes derrière moi.
Sauf que rapidement, mon corps, privé et carencé, se met à avoir des pulsions alimentaires très fortes. Alors je fais des crises de gloutonnerie : je dévalise un supermarché ou une boulangerie et je dévore tout ce que j'ai acheté. Donc je me fais vomir... Et ainsi de suite. Sans m'en rendre compte, je m'enferme dans un schéma destructeur.

CAMÉE

Dans ma tête, tout se met à tourner autour de la bouffe. J'anticipe et je calcule tout en permanence : *Vais-je être tranquille toute la soirée ? Combien de temps ça va me prendre de manger et régurgiter ? Comment faire pour manger tels aliments à telle heure sans que personne ne s'en aperçoive ?* J'ai l'impression de mener une double vie que je dois absolument dissimuler. Je commence à prendre des habitudes : dès que je rentre dans un resto, je cherche où sont les toilettes pour savoir si je vais pouvoir m'y rendre ou non. Le soir, en sortant des cours, je vais faire des courses aberrantes au petit *Casino* du coin, j'en ai parfois pour plus de cent euros. J'ai tellement honte que je développe des stratégies : j'alterne les magasins où je fais mes courses, j'essaye de ne pas croiser des gens dans la rue, j'ai tout le temps peur qu'on me reconnaisse. J'ai exactement le comportement d'une camée. Je prends même des risques en prenant le métro en pleine nuit pour trouver un kebab ouvert.

De petites crises occasionnelles, je passe à deux, puis quatre, et jusqu'à parfois huit par jour ! Très souvent, dès qu'une crise se termine, une nouvelle recommence, le cercle vicieux est sans fin. Le cerveau est incapable de stopper ce mécanisme. D'un scénario où j'étais toute fière d'avoir trouvé *the solution* et de pouvoir tout contrôler, je passe à être le pantin d'une maladie démoniaque qui s'installe rapidement, trop rapidement.

SHAME ON ME

Le plus dévastateur dans cette maladie, c'est la honte. Cette honte qui longe chacune de nos vertèbres, nous enlace et nous écrase le diaphragme. Une honte qui ressemble à une grosse ombre noire au-dessus de notre corps et qui nous observe de son air sournois. Elle nous guette et nous juge, et plus elle est présente, plus on culpabilise. Se faire vomir, ça donne envie de vomir. Ce sentiment d'être une personne ignoble, qui utilise des denrées qui ont été cultivées, lavées, emballées, installées dans des rayons, conservées minutieusement. Des aliments que rêvent de manger des enfants affamés tout autour du monde. Des aliments qui auraient pu nourrir des dizaines de personnes sans abri. La honte d'être crade, malsaine, fausse. La honte d'inventer des histoires à tout le monde. La honte de ne même plus être maître de ses choix. Ma maladie me ronge de l'intérieur et me coupe de toutes les choses et de tous les gens que j'aime. Suis-je si idiote que ça ? pour être devenue ce truc-là ? incapable de tenir ne serait-ce qu'un jour sans crise ? Suis-je si faible, égoïste, fragile ? C'est donc ça, mon destin ? Moi, la petite Alice qui trouvait toujours la force de faire comme si tout allait bien quand elle était plus jeune ? Je ne me reconnais plus. Qui suis-je ?

> AVEZ-VOUS DÉJÀ EXPÉRIMENTÉ CE SENTIMENT PROFOND DE HONTE À PROPOS DE VOTRE ALIMENTATION OU D'UN AUTRE « DYSFONCTIONNEMENT » ?

Je ne me reconnais plus

DES TENTATIONS PARTOUT

Le plus compliqué avec cette maladie-addiction, c'est que contrairement aux héroïnomanes, trouver un dealer est très facile. Notre came, elle se montre à tous les coins de rue : boulangeries, épiceries, Super U, restos, le buffet à la soirée entre amis et même sur le Net, *coucou UberEats et Delivroo*... Les tentations sont absolument partout. Elles se renforcent même quand je commence à habiter avec mon copain : dans sa culture, la nourriture occupe une place centrale, et comme lui-même a des TCA, ça n'arrange rien. « On va manger un kebab ? Sinon au resto ? » Impossible de m'en sortir si j'entends ça plusieurs fois par jour. Je connais des phases très difficiles et d'autres plus apaisées avec des crises moins récurrentes. Dès que je fais quelque chose de sympa avec mes potes ou à l'école, les crises se calment. Et dès que ça va moins bien, ça repart de plus belle.

LE CORPS LÂCHE

« Wahou ! mais c'est quoi ton secret ? T'as fait un régime ? T'es trop belle ! » Ces flatteries m'enferment encore plus dans la maladie. *OK, j'ai cette maladie et j'ai honte, mais à l'extérieur finalement tout va bien, les gens m'apprécient, je reçois des compliments.* C'est ce que je me dis, en guise de pansement éphémère sur ma douleur profonde. Car mon corps, lui, ne tient pas le coup.

Je suis parfois tellement épuisée par les crises qu'il se met à lâcher. J'ai des palpitations cardiaques, des douleurs dans l'œsophage, des tremblements dans les jambes et mal aux dents. Ma peau se ternit, j'ai de plus en plus de boutons et je perds mes cheveux. Je suis complètement carencée et déminéralisée.

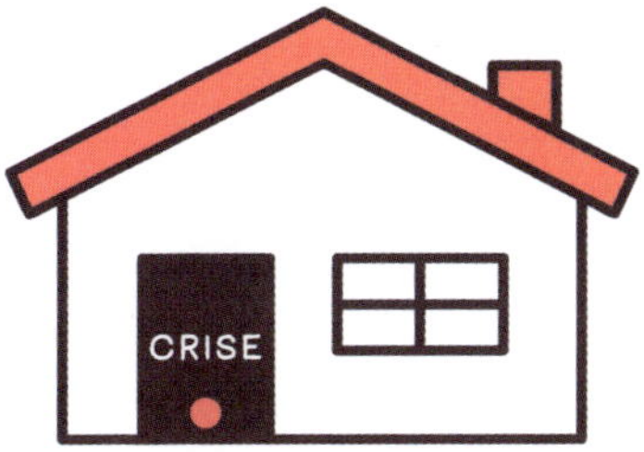

UNE DOULEUR IMPOSSIBLE À DIRE

Quand je suis encore à Paris, pas encore définitivement au Maroc, je fuis de plus en plus les gens. J'évite des soirées ou des repas entre amis par peur de ne pas réussir à me contrôler. Je vois moins mes potes, j'ai peur qu'on découvre ce que je fais. Je me sens seule, démunie, impuissante. De toute façon, je n'ai pas le droit de sortir ou voir mes potes, rappelez-vous, je dois pointer. Avec le recul, je ne sais pas si ce sont mes crises qui m'ont poussée à m'enfermer dans cette situation avec A. ou si c'est l'oppression de A., même à distance, et ce sentiment de privation de ma liberté, qui m'ont fait sombrer autant dans les crises. L'œuf ou la poule, vous connaissez ?

Pour moi, en parler est impossible. D'un, on pourrait me juger, et de deux, on pourrait m'empêcher de faire mes crises, qui au départ m'aident quand même à soulager un mal plus profond. En me coupant de plus en plus des gens, je m'enferme dans ma maladie. Je suis consciente d'avoir un grave problème et pourtant je suis incapable d'intervenir. Je suis la spectatrice de cette pièce de théâtre dramatique, je me vois anticiper chaque crise de boulimie (*Où est-ce que je vais aller ce soir, avec quel argent vais-je pouvoir acheter ?*). J'ai l'impression d'être à l'extérieur de moi-même. Le plus anxiogène dans cette situation, c'est de ressentir en soi cette extrême bipolarité.

Le matin je me lève toute menue et souriante : *Je suis fraîche aujourd'hui, dis donc*, tout ça en faisant mine de ne pas me rappeler les deux aligots, quatre burgers, douze nuggets, trois brownies et cinq donuts que je me suis enfilés la veille... Le déni du toxico. Dans ces moments-là, tu te surprends aussi à penser : *Je ferais quel poids à l'heure qu'il est, si j'avais dû tout garder jusqu'à présent ? 300 ? 700 kg ? C'est quoi le plus grave au fond ? Peser une tonne et mourir d'une attaque cardiaque dans la nuit ? Ou mourir dans une atroce et lente agonie à cause d'un cancer de l'estomac... ?* C'est joyeux.

Je m'enferme dans ma maladie

UN PREMIER PAS VERS MA GUÉRISON

Une fois les ponts coupés avec mon ex, je reviens en France, moins enfermée dans mes crises et prête à parler en surface de ce qui m'arrive. Ma mère me conseille de voir des psychologues, je prends des rendez-vous avec des nutritionnistes, des endocrinologues, des psychiatres... Rien ne m'aide. Certains veulent même me prescrire du baclofène, médicament très puissant que l'on donne normalement aux gros addicts, mais je refuse.
Contre toute attente, ce qui va enclencher ma principale prise de conscience, c'est la découverte d'une vidéo Youtube. Je me souviens encore de cette femme, Audrey. Elle est assise en tailleur sur le sol, en face cam, et parle de sa boulimie sans tabou en donnant tous les détails, toutes ses peurs et ses émotions. C'est un électrochoc : moi qui ai tellement honte, la voir témoigner sur Internet au vu de tout le monde est libérateur. J'ai enfin l'impression d'être comprise. « La boulimie est une maladie honteuse dont on ne parle pas, donc on se retrouve tout seul. Le seul moyen d'en sortir, c'est de l'assumer et d'en parler autour de soi. Il faut déjà s'en parler à soi-même. » Avec ces mots très simples, elle va me permettre de débloquer tant de choses en moi et de faire enfin le premier pas vers ma guérison.

> QUEL A ÉTÉ VOTRE DÉCLIC POUR VOUS SORTIR D'UNE ADDICTION OU D'UN COMPORTEMENT PROBLÉMATIQUE ?

ACCEPTER QUE L'ON EST MALADE, C'EST COMMENCER À GUÉRIR

Entamer un processus de reconnexion à soi et à son corps est primordial dans cette maladie car on est souvent en dissociation. Je suis les conseils d'Audrey, ma Youtubeuse guérisseuse, et je commence à me parler de cette maladie.
Je suis malade. J'ai une maladie. Alors certes, je l'ai déclenchée. C'est vrai. Mais elle m'a rattrapée. Je ne suis pas en faute. Je dois comprendre que, comme toute personne malade, je n'ai pas le droit de m'en vouloir à ce point d'être tombée malade. Je suis déjà punie au quotidien avec tous ces dommages collatéraux.
Vous vous imaginez, vous ? vous engueulez parce que vous avez chopé un rhume ? *Hé, connard ! T'as vu ? Maintenant t'as le nez qui coule ! Prends-toi ce pain dans la tronche !* Ce serait complètement absurde, n'est-ce pas ? C'est déjà suffisamment horrible d'avoir le nez qui coule, les lèvres gercées, il ne faudrait pas en plus vous insulter pour une petite goutte de morve qui coule, quand même ! Quand on fait le parallèle avec le rhume, on comprend bien que ça devient complètement idiot

de s'en vouloir alors qu'on a malheureusement attrapé un virus. Pour les TCA, c'est pareil. Il faut réussir à se dire : *Je ne vais pas m'en rajouter une couche, je suis déjà au plus bas. Ce n'est pas moi le responsable, j'ai bien une maladie. OK, je suis malade, et comme tout malade, je dois m'aider. Je dois aussi arrêter de me culpabiliser. Si les crises existent, c'est que mon cerveau en a besoin. Tu n'es pas TA malade, Alice. Mais écoute-toi, fais ta crise si tu as envie, ne la fais pas si tu n'as pas envie... Tu n'as pas besoin de te cacher. Explique à tes proches pourquoi tu as besoin ou non de manger. Demande-leur de ne pas te juger. Explique-leur que ça partira petit à petit quand tu seras prête.*
En posant des mots plus doux dans mon esprit, en acceptant que je ne suis pas la seule responsable ; en comprenant que tout un tas de mécanismes physiologiques, hormonaux, psychologiques entrent en compte ; en réalisant que l'addiction s'est installée lentement mais sûrement, qu'elle a pris le dessus sur moi progressivement ; en acceptant que je dois lâcher prise ; en expliquant à mon moi enfant que j'allais m'en sortir et que je n'allais pas nous laisser dans cette situation ; en prenant conscience que je dois introduire de la bienveillance à mon égard et dans mes pensées ; en construisant petit à petit la forteresse de mon estime de moi et le château de l'acceptation de mon sort... je vois comme par magie les crises diminuer, s'étaler dans le temps, se calmer peu à peu d'elles-mêmes.
C'est simple : j'ai commencé à guérir le jour où j'ai accepté que j'étais malade.
Il est nécessaire d'avoir de la douceur, de la patience et de la tolérance envers soi pour parvenir à sortir de ce schéma nocif. Ne vous mettez surtout pas de pression en vous fixant un délai ou une deadline pour sortir de la maladie, vous avez déjà assez à gérer comme ça.

> COMMENT EST VOTRE DISCOURS INTERNE LORSQUE VOUS PENSEZ À VOS FAIBLESSES OU À CES COMPORTEMENTS QUE VOUS AIMERIEZ LAISSER DERRIÈRE VOUS ? POURRIEZ-VOUS L'ADOUCIR, AJOUTER UNE DOSE SUPPLÉMENTAIRE DE COMPASSION ?

ÉTEINDRE LES FUSIBLES

Pour guérir, il est nécessaire de couper avec ce qui a déclenché la maladie. Je le fais en mettant un terme à ma relation toxique. En parallèle, de retour en France, je change de métier, me mets en mouvement. Je vais aussi couper les ponts avec la partie de ma famille qui me juge, ce qui va me faire beaucoup de bien. Je déconnecte les fusibles un à un. Ouf, je respire enfin.
Mais même si les déclencheurs ne sont plus là, la maladie, elle, est bien installée. Avec le temps, comme je l'écrivais plus tôt, le problème devient aussi physiologique que psychologique : quand on est atteint de TCA le corps s'habitue à ce fonctionnement et continue de répéter le même schéma. On peut même trouver une certaine sécurité dans cette habitude, ce qui rend la guérison plus difficile.

COMPRENDRE LE FONCTIONNEMENT DE MON CORPS

Je décide alors de me lancer dans un BTS diététique. J'ai besoin de comprendre ce qui se passe dans mon corps pour que tout puisse enfin rentrer dans l'ordre. J'apprends énormément de choses sur la microbiologie, la digestion. Je regarde mon corps dans l'infiniment petit, découvre qu'il est une machine fascinante. En allant en cours de bio-chimie ou de connaissance des aliments je commence à dédiaboliser la nourriture. Je décide de guérir d'abord mon corps qui a tant souffert. Je m'éloigne enfin des conseils de ma mère qui ne voit que la psychothérapie comme solution, alors que les séances chez le psy déclenchent bien souvent chez moi des crises encore plus violentes.

Plus je me connais, plus je m'écoute, plus je retrouve la santé, plus je m'aime

Je me renseigne sur les dérèglements liés aux manques de vitamines, de minéraux et d'oligo-éléments. J'en apprends plus sur le terrain hormonal. À cette période, tout en moi est déréglé, à tel point que j'ai développé la maladie des ovaires polykystiques (SOPK). Au début je me force à me complémenter à fond : j'achète des vitamines, je suis tellement carencée, j'ai besoin de redonner de la force à mon métabolisme qui lutte pour reprendre du service.
Chaque petite victoire m'aide à comprendre d'où viennent mes problèmes. Une supplémentation en telle vitamine ? tiens, intéressant, j'ai moins envie de sucre aujourd'hui. Une sortie dehors en marchant d'un bon pas ? Tiens, c'est marrant, ça m'a coupé cette faim que je pensais ressentir. Petit à petit, je commence à comprendre qui je suis et d'où viennent mes problèmes, et je développe des stratégies pour découvrir pourquoi telle situation émotionnelle me crée une crise, ou pourquoi tel manque nutritionnel me provoque telle fatigue, et par ricochet telle crise... Plus je me connais, plus je m'écoute, plus je retrouve la santé, plus je m'aime, plus je suis fière de moi.

Cette maladie, aussi dure a-t-elle été, m'a permis d'acquérir une connaissance de moi et de mon corps que je n'aurais jamais eue sinon. Elle m'a forcée à revenir à mon corps, cet essentiel si souvent délaissé.

> QUEL PREMIER PAS POURRIEZ-VOUS FAIRE POUR DEVENIR ACTEUR OU ACTRICE DE VOTRE GUÉRISON ? FAIRE DES RECHERCHES SUR INTERNET ? TENIR UN JOURNAL DE VOS SENSATIONS, DE VOS ÉMOTIONS ET DE CE QUE VOUS AVEZ CONSOMMÉ DANS LA JOURNÉE ? CHANGER D'ALIMENTATION ? PRENDRE RENDEZ-VOUS CHEZ UN·E THÉRAPEUTE ? À VOUS DE TROUVER CE QUI VOUS AIDE LE MIEUX.

EN PARLER POUR BRISER LE CERCLE VICIEUX DE LA HONTE

Quand on est prêt, l'étape suivante est d'en parler aux autres. Pour ma part, j'ai mis six ou sept ans avant de réussir à le faire. Il a fallu que j'aille trouver ce courage en moi. J'essaye d'abord les cercles de parole à quelques reprises mais sans m'y retrouver. Ce qui me frappe, c'est tout de même de voir que la plupart des gens touchés par cette maladie sont brillants, sensibles, fins, hyperlucides et conscients. Cela m'aide à me voir différemment, et à arrêter de me juger pour ce comportement.

Le moment où je commence vraiment à me libérer de la honte, c'est quand j'en parle sur les réseaux. Bien sûr, c'est d'abord timidement, je ne rentre pas autant dans les détails qu'aujourd'hui. Mais recevoir des témoignages identiques au mien et un tel sentiment de soutien, cela me berce. La plupart des gens pensent sûrement que j'ai des moments de gourmandise passagère et non des TCA. Ça paraît moins chaotique que lorsque je vous le raconte ici sans filtre. Mais le plus important, ce n'est pas ce que pensent les gens. C'est ce que j'en pense moi. « Alice, tu as fait un premier petit pas vers toi-même. » Poster sur ce sujet, c'était comme me faire une promesse, m'engager pour moi : une fois le post publié, pas de retour en arrière possible. Chaque petite confession, aussi minime soit-elle, est comme une victoire de plus qui m'éloigne de cette prison.

Et j'aime me dire qu'à mon tour, comme Audrey l'avait fait pour moi, j'ai la possibilité d'aider des gens à s'en sortir. Parler du problème, c'est avoir déjà parcouru 80 % du chemin.

> ÊTES-VOUS PRÊTS À PARLER D'UN COMPORTEMENT DONT VOUS AVEZ HONTE OU D'UNE ADDICTION ? À QUI POURRIEZ-VOUS VOUS ADRESSER ?

APPRENDRE À RECONNAÎTRE SES ÉMOTIONS ET À LES IDENTIFIER

Les émotions sont un point central de cette maladie. C'est lorsque ces dernières sont bloquées et ne circulent plus librement que les phénomènes d'anorexie et de boulimie se mettent en place. Le propre d'une émotion est de nous traverser : elle nous donne une information sur notre situation interne, chacune d'elles a une fonction et un message précis. La colère, par exemple, nous permet de préserver notre intégrité lorsqu'un comportement n'est pas respectueux ou ne nous convient pas. La tristesse permet de faire le deuil des choses qui ne sont plus ou dont on a manqué. Il n'y a donc aucune raison de les bloquer, au contraire. En les refoulant, on se prive de tous leurs bienfaits.
Parfois nous nous sommes tellement coupé·e·s de ces dernières (par exemple lorsque, dans l'enfance, elles n'étaient pas bien reçues par notre entourage) que nous ne savons même plus ce que nous ressentons. L'un des points de départ est donc de se reconnecter à soi, de se demander régulièrement ce que l'on ressent. Les émotions sont normales, elles font partie de notre fonctionnement d'humain et chacune d'entre elles est légitime. Malheureusement, très peu d'entre nous ont reçu ce message, et nous avons un long chemin à faire pour nous autoriser à les ressentir et à les exprimer. Le fait d'écrire et de dessiner m'a beaucoup aidée dans ce processus, l'art en général est un outil puissant et magique pour exprimer ses émotions !

> AVEZ-VOUS DES TECHNIQUES TESTÉES ET VALIDÉES POUR VOUS RECONNECTER À VOS ÉMOTIONS ET LES EXPRIMER ? ÉCOUTER DE LA MUSIQUE ? DANSER ? FAIRE DU SPORT ?

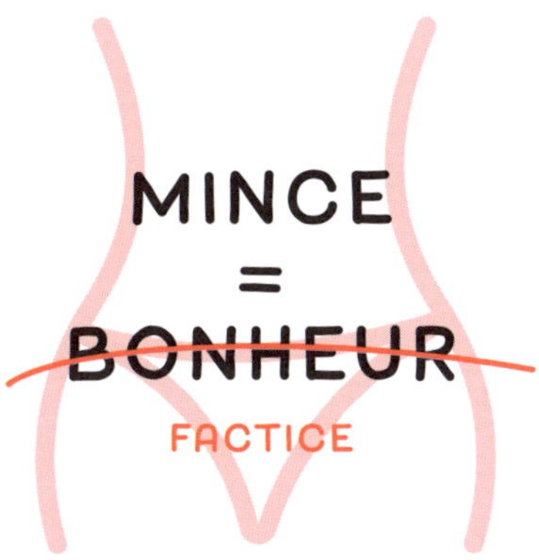

VOUS ÊTES NORMAL·E

Les TCA sous une forme atténuée touchent quasiment une adolescente sur quatre, pour celles officiellement repertoriées, et un adolescent sur huit (selon santepubliquefrance.fr). Si vous connaissez la boulimie ou l'anorexie, vous n'êtes donc pas bizarre ou anormal·e, votre situation est extrêmement répandue ! Il ne faut pas avoir honte d'une réaction physiologique ou des émotions qui l'ont déclenchée.
Cela peut aussi provenir d'instincts de survie ancestraux, nos ancêtres préhistoriques, par exemple, avaient développé la capacité de faire des crises de gloutonnerie et de se remplir l'estomac jusqu'à quatre litres de contenance (oui, vous avez bien lu, quatre litres ! un estomac humain est si extensible qu'il peut s'étendre sur quatre fois son format habituel). Pourquoi faisaient-ils cela ? Pour survivre, pardi ! En période de forte sécheresse ou en période glaciaire, la nourriture pouvait être amenée à manquer. En temps de famine, il est préférable de pouvoir se remplir la panse rapidement et copieusement dès que l'on trouve à manger car on n'a aucune garantie de manger demain.
Cela peut également découler du besoin de connexion à la mère. La bouche, la tétée, ce besoin de remplir le ventre est une sensation que nous avons tous connue nourrissons. Manger, engloutir, c'est au départ l'une des connexions les plus fortes qui nous rattachent à la vie. Ce sentiment est inconscient, bien entendu, mais c'est ainsi que la nourriture prend parfois l'aspect d'un manteau émotionnel sécurisant, comme pourrait l'être une maman ou un papa qui nous donne un biberon.
Vous voyez, et si finalement notre corps n'était pas contre nous mais avec nous ? Il n'y a rien à combattre, rien d'anormal !

NE PLUS ACCEPTER LE JUGEMENT

Je trouve cela injuste qu'on ne prenne pas au sérieux ces maladies et qu'on ait droit à des remarques humiliantes du type « Sérieux, tu vas manger tout ça ? Mais c'est crade ! » ou alors : « Tu n'as pas honte, il y a des gens qui n'ont même pas à manger ? » Ou encore : « Allez, ressers-toi, ça ne te fera pas de mal... » Cette dernière phrase, c'est comme dire à un camé qui essaye de s'en sortir : « Tu veux de la drogue, tiens, y en a plein ! Tu veux pas goûter ? Ne laisse pas ta part ! »
Cette maladie est un réel enfer à vivre. On doit souvent improviser avec les remarques, les jugements et la culpabilisation des autres. Nous ne devrions pas accepter ces remarques, ni la honte ou la culpabilité qui les accompagnent.
Il est nécessaire de s'entourer des bonnes personnes. J'ai dû laisser de côté des copines qui se moquaient de moi ou de ma maladie. Et j'ai gardé celles qui comprenaient que j'avais juste besoin d'une écoute attentive et bienveillante.

ACCEPTER QUE LA GUÉRISON SOIT LENTE

Il a fallu des années, avec des périodes violentes et d'autres moins violentes, pour que j'arrête de faire de grosses crises de boulimie. Le chemin a été très long et je m'y suis sentie très seule, mais j'ai tenu bon. J'ai encore des restes, aujourd'hui encore je peux me regarder et me dire que j'ai grossi, que j'ai de la cellulite, mais ce n'est rien comparé à ce que j'ai pu connaître. Je suis fière du chemin parcouru.

Je ne crois pas être totalement guérie. Il y a encore beaucoup d'aliments qui me font peur, des situations dans lesquelles je me sens toujours mal. Les repas de famille en sont un exemple typique, heureusement mon compagnon actuel a une petite famille qui se réunit environ trois fois par an : pour moi, c'est jouable, mais j'ai connu les déjeuners en belle-famille tous les midis ou presque, avec de la bouffe pour cent vingt, et c'était un vrai calvaire.

Le corps lui-même a besoin de temps pour se remettre. L'estomac finit par reprendre une taille normale, mais ça ne se fait pas du jour au lendemain.

Finalement, j'ai transféré mon addiction sur un autre domaine : mon activité professionnelle. Je suis une vraie boulimique de travail et j'ai du mal à réduire le rythme. Le point positif : au moins cette addiction est moins néfaste et me fait moins dépenser d'argent !

Au fur et à mesure de mon parcours, j'ai découvert que l'aide ne se trouve pas toujours là où on la cherche. Il n'existe pas d'aide idéale, seulement une aide qui nous est adaptée ou non à un instant donné. On doit essayer, recommencer, rencontrer, demander. Oser nous tourner vers des personnes qui peuvent entendre nos maux.

L'aide ne se trouve pas toujours là où on la cherche

LES CADEAUX DE LA MALADIE

L'un des cadeaux inattendus de cette maladie, c'est qu'elle m'a permis de tisser des liens très forts que je n'aurais jamais tissés autrement. Je me suis rapprochée de gens qui partageaient le même combat que moi, les mêmes épreuves, et j'ai appris qu'il était plus facile de s'en sortir à plusieurs que seule. Je l'ai expérimenté : la maladie rassemble. Être en lien, partager et échanger est l'une des thérapies les plus puissantes que nous avons gratuitement à notre disposition ! Cette maladie m'a appris l'importance de demander de l'aide et de ne pas rester enfermé dans sa honte.

Elle m'a aussi appris que j'avais en moi des parts d'ombre qui pouvaient prendre le contrôle. Cet apprentissage me permet aujourd'hui d'être en capacité de voir arriver des schémas qui peuvent être destructeurs et de les stopper avant qu'ils ne s'installent (par exemple, ces moments où je m'examine dans un miroir, où je me compare à des photos, où je perds des heures pénibles à analyser les corps filiformes de mannequins).

Enfin, j'ai appris à voir la force et le courage que j'étais capable de mobiliser face à des situations qui me semblaient inextricables, et à décupler mon amour et mon estime de moi.

> **ATTENTION, LES TCA ET L'ANOREXIE MENTALE SONT DES TROUBLES TRÈS DANGEREUX POUR LA SANTÉ ET QUI PEUVENT ALLER JUSQU'À ENTRAÎNER LA MORT. EN PLUS DES OUTILS QUE VOUS POUVEZ METTRE EN PLACE DE VOTRE CÔTÉ, IL EST INDISPENSABLE DE CONSULTER UN PROFESSIONNEL.**

“Tu laisses entrer l’auto-sabotage parce que ton cœur est en cage.”

L'ÉCLAIRAGE DE Sandra Ferreira

Diététicienne-nutritionniste, conférencière, chroniqueuse TV et radio
@sandraferreiradiet

L'anorexie-boulimie est un trouble du comportement alimentaire lié à la peur obsessionnelle de grossir. C'est une maladie causée par des facteurs génétiques et psychologiques mais les facteurs environnementaux, familiaux et socioculturels jouent également un rôle. C'est dire la complexité de l'anorexie-boulimie.
Les symptômes sont essentiellement de grandes privations alimentaires en alternance avec l'ingestion de grandes quantités de nourriture en très peu de temps, le fait de pratiquer du sport de manière démesurée, la consommation de diurétiques et de laxatifs, des vomissements, et tout cela dans le but unique de perdre du poids. Ces symptômes peuvent durer plusieurs mois, plusieurs années, et sont souvent accompagnés de stress, d'anxiété ou de dépression. L'anorexie mentale n'est pas à prendre à la légère car, non soignée, elle peut se révéler extrêmement grave et conduire jusqu'à la mort.

Voici six conseils pour sortir de cette maladie. Bien sûr, ces derniers ne se substituent pas à un suivi chez un médecin/diététicien·ne/psychologue spécialiste de ce type de troubles alimentaires.

1. Prenez conscience de votre maladie

C'est une étape difficile car très souvent, on ne se voit pas malade. Cela part tout simplement d'une volonté de perdre du poids et on rentre dans une boucle infernale.

2. Acceptez l'aide

N'hésitez pas à solliciter l'aide de vos proches, leur présence vous aidera à traverser cette épreuve.

3. Réhabituez-vous à manger normalement

Votre estomac s'est habitué à des volumes anormaux, il faut réapprendre à savourer, retrouver les sensations de faim et de satiété. Faites-vous accompagner par un·e diététicien·ne nutritionniste spécialisé·e.

4. Acceptez votre nouveau corps en devenir

Le corps va de nouveau se transformer, allez-y progressivement, il va falloir accepter de regrossir. Faites-vous accompagner par un·e psychologue/psychiatre spécialisé·e.

5. Soyez patient·e et envisagez l'avenir

La guérison est un long chemin ; ayez des projets, pensez à des choses positives.

6. Prenez conscience des risques de cette maladie

Comme : arrêt des règles, chute de cheveux, fatigue, troubles cardiaques et digestifs... avec parfois même des séquelles sur le long terme. Faites-vous accompagner par votre médecin généraliste.

C'EST À VOUS !

EXO 1 Un post ou une lettre pour libérer la parole

Écrivez l'article, le post ou la lettre qui raconte votre histoire et vos difficultés avec l'alimentation ou votre addiction. Vous n'êtes pas obligé·e de poster ce texte sur les réseaux, faites ce premier pas au moins pour vous.

Écrire, parler, témoigner est l'une des plus belles preuves d'amour que vous pouvez donner à votre corps.

EXO 2

La respiration pour vous reconnecter à votre corps

La respiration est l'un des outils les plus simples et les plus efficaces pour revenir à soi quand on est en dissociation et qu'on se sent perdre le contrôle. Voici quatre exercices qui devraient vous aider :

La respiration consciente

C'est simple et immédiat : dès que vous perdez le contrôle, concentrez-vous sur votre respiration en prenant conscience du trajet de l'air dans votre nez puis dans votre gorge et vos poumons à l'inspiration, et du chemin inverse à l'expiration. Portez votre attention sur les sensations, comme la température de l'air à l'entrée des narines et dans la gorge, ou encore le ventre qui se gonfle et se dégonfle.

La respiration complète

Cet exercice inspiré du yoga permet de ralentir la respiration et d'envoyer un message d'apaisement au système nerveux. Il s'agit de remplir petit à petit les poumons, en gonflant d'abord le ventre, puis les poumons puis l'espace entre les clavicules sur 6 temps au total (2 temps par étape). À l'expiration, on dégonfle l'espace entre les clavicules, les poumons puis le ventre sur 6 temps également.

La cohérence cardiaque

Il s'agit de synchroniser sa respiration sur les battements de son cœur pour apaiser le système nerveux. En pratique, trois fois par jour, faites 6 respirations par minute pendant 5 minutes.

EXO 3

L'autohypnose ou auto-parole pour vous libérer de vos addictions

L'autohypnose, c'est une sorte de méditation profonde, un état modifié de conscience qui rend le cerveau plus perméable aux autosuggestions, ce qui permet de le reprogrammer, notamment pour vous libérer des schémas psychologiques qui vous poussent aux compulsions alimentaires ou pour vous libérer de la culpabilité due à l'addiction.

1. Trouvez un endroit calme. Asseyez-vous ou allongez-vous confortablement, fermez les yeux et détendez-vous profondément. Concentrez-vous sur votre respiration en respirant lentement et régulièrement.

2. Définissez un objectif clair pour votre session d'autohypnose. Que souhaitez-vous travailler par rapport à votre addiction ou à n'importe quel comportement que vous ne souhaitez plus reproduire ? Voulez-vous vous pardonner ? Vous déculpabiliser ? Vous apporter du courage ou de l'espoir ?

3. Une fois votre but défini, formulez des affirmations qui vous rapprochent de ce dernier. Utilisez des phrases simples et directes, telles que « Je suis calme et confiant·e », « Je suis en contrôle de mes émotions », ou « Je mange sainement ».

4. Visualisez des images qui renforcent vos suggestions. Imaginez-vous atteignant votre objectif.

5. Soyez heureux·se de vous sentir heureux·se et apaisé·e avec la nourriture.

6. À la fin de votre session, prenez le temps de revenir doucement à l'état de conscience ordinaire.

EXO 4

Des post-it pour vous encourager

Si vous avez peur de ne pas atteindre vos petites victoires seul·e, je vais partager avec vous un petit secret qui m'a beaucoup aidée lorsque j'avais peur de sombrer à nouveau.
Sur mes placards, dans mon frigo, sur mes paquets de gâteaux, dans les toilettes, dans ma chambre, sur le miroir de la salle de bains, je laissais des post-it pour me rappeler le chemin parcouru.

Alice, t'es sûre que t'as faim ? Ou tu essayes de noyer une émotion que tu n'as pas digérée aujourd'hui en voulant dévorer ce brownie entier ?

Et hop ! je le colle sur mon tiroir à gâteaux.

Alice, est-ce que tu as vu que tu es aux toilettes pour faire pipi ou caca, c'est plus chouette, non ? Plutôt que d'avoir la tête dans la cuvette.

Alice, toi qui as besoin de t'occuper le visage et les mains, fais-toi ce petit gommage et respire.

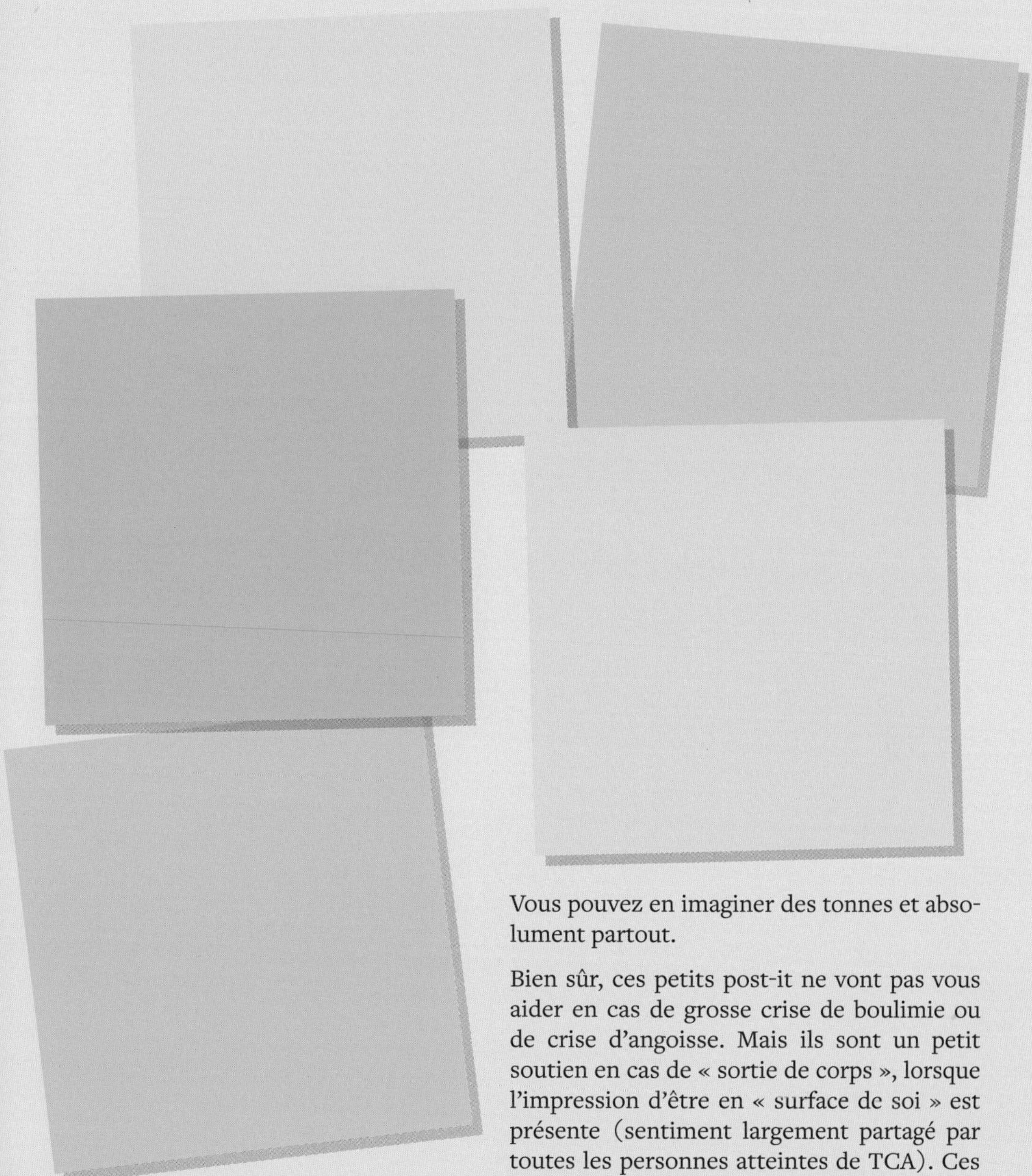

Vous pouvez en imaginer des tonnes et absolument partout.

Bien sûr, ces petits post-it ne vont pas vous aider en cas de grosse crise de boulimie ou de crise d'angoisse. Mais ils sont un petit soutien en cas de « sortie de corps », lorsque l'impression d'être en « surface de soi » est présente (sentiment largement partagé par toutes les personnes atteintes de TCA). Ces petites phrases qu'on aurait oublié de se dire nous ramènent au réel, ce réel qu'on aimerait retrouver, les deux pieds bien ancrés au sol.

EXO 5

Une liste des cadeaux à vous offrir

Vivre avec des TCA est extrêmement dur et chaque petite victoire devrait être célébrée. Pour cela, voici une liste de cadeaux à vous offrir, quelle que soit l'occasion :

- □ Massage
- □ Séance d'énergétique
- □ Sophrologie
- □ Séance naturopathie
- □ Soin du visage
- □ Drainage lymphatique
- □ Osthéopathe
- □ Madérothérapie
- □ Coiffeur avec massage du cuir chevelu
- □ Massage aux pierres chaudes
- □ Réflexologie
- □ Yoga aérien
- □ Acupuncture
- □ Retraite en nature
- □ Luminothérapie
- □ Station thermale
- □ Gommage au savon noir
- □ Rendez-vous endocrinologue
- □ Hypnose
- □ Refaire une déco/une garde-robe

RELEVEZ LE DÉFI EN VRAI #4

Rendez-vous sur mon compte Instagram **www.instagram.com/alicecatdesigner** dans la story à la une : « Solide ».

Faites un screen de ce visuel et listez les aliments avec lesquels vous vous sentez prêt·e à faire la paix (on peut commencer simple : « Je renoue avec le pain complet », puis passez au niveau médium : « J'accepte de manger un plat en sauce sans me culpabiliser comme un fou/une folle ! » ou au niveau expert : « Damn ! J'ai mangé une crêpe au sucre et j'en suis pas mort·e !») Partagez vos petites victoires dans votre story.

N'oubliez pas de taguer **@alicecatdesigner** si vous souhaitez que je repartage votre courage.

Je fais la paix avec ces 7 aliments

1 ....

2 ....

3 ....

4 ....

5 ....

6 ....

7 ....

Je vais être sincère : je ne me suis pas trouvée professionnellement en un claquement de doigts. Se conformer, rentrer dans un moule, voilà ce que la société a toujours demandé aux jeunes actifs.

Répondre à la question « Tu sais ce pour quoi tu es faite ? » quand ton esprit est un brouillard professionnel et que tu es multipotentielle, c'est un casse-tête chinois. Et puis mince! Pourquoi devrait-on choisir une seule voie, s'adapter à des fonctions qui, le temps passant, ne nous conviendraient pas ?

CHAPITRE 5

CORPO GATE

EXISTE-T-IL UN JOB FAIT POUR MOI ?

« TU AS GROSSI, JE TE PAYE TROP »

« T'as vu sa tenue de pute, là ? Ça fait un peu traînée, non ? Et attends... tu sais pas ce qu'on m'a dit sur Ikram du troisième étage ? C'est vraiment une mal-baisée celle-là, tu m'étonnes que personne ne veuille d'elle. » Ah ! les bruits de couloir en entreprise, quel charmant pêle-mêle de misogynie et de médisance.

Après l'obtention de mon diplôme à Paris, je me lance le double challenge de démarrer dans la vie active en entreprise à l'étranger. Je trouve un poste de directrice artistique junior dans l'une des agences de pub les plus renommées de Casablanca. Les débuts dans cette ambiance mêlant hypocrisie et snobisme sont difficiles à vivre pour moi. Être la « Frankaouia » qui débarque au pôle Édition, ça fait parler les anciens. J'ai le droit aux jugements de haut en bas, aux gloussements dans l'ascenseur ou aux élans de fausses courbettes.

J'ai l'impression de mettre les deux pieds dans le scénario de la série *Ugly Betty* ou dans celui du film *Le diable s'habille en Prada*. Je ne sais pas si je suis un chimpanzé de laboratoire ou un chercheur fou qui, de l'autre côté de la cage, observe interagir entre eux tous ces rats hyperactifs et malades. J'apprends au fil des mois que ma responsable me critique dès qu'elle le peut en mon absence. Je suis jeune, hypersensible, et cette nouvelle me blesse profondément. Comment peut-on sourire aux gens en face et les pourrir derrière leur dos ?

Encore aujourd'hui, il m'est difficile de comprendre ce besoin qu'ont les gens de juger et condamner en permanence les choix, pensées, et apparences des autres...

Les « D.A. » (directeurs artistiques) seniors, héros qui apportent les idées et l'argent, ont bien entendu le droit à des traitements de faveur. Les cheveux en bataille, ils pointent à pas d'heure, fument des clopes toute la journée, refusent les projets les plus chiants. Moi, je dois « faire mes preuves », je suis déjà « privilégiée d'être à ma place ». On m'envoie les projets plus rébarbatifs et je suis évidemment mal payée. « C'est la loi du salariat, mon petit. »

« Alice, viens dans mon bureau. » Je reçois un jour cet appel du grand patron. Je monte à pied les cinq étages qui me séparent de son immense bureau. Je le connaissais exécrable et se pensant au-dessus de tous, mais ça ne m'avait pas préparée à ce qui allait suivre.

Il me convoque pour me demander depuis combien de temps je travaille pour lui. « Environ neuf mois », je réponds. « Tourne sur toi-même, s'il te plaît. » Je suis surprise mais je n'ose pas m'opposer à ce supérieur hiérarchique. Je m'exécute, et là, il a cette réplique incroyable : « Tu as grossi. Je te paye trop. »

Aujourd'hui encore, alors que j'écris cette anecdote, je suis sans voix. Comment peut-il se permettre ?

Je suis atypique, boulimique de projets, avide de liberté

J'aurais tant aimé, avec la poigne que j'ai aujourd'hui, accourir auprès de cette Alice plus jeune et lui porter secours : « Et vous, le patapouf paresseux, ça ne vous pose aucun problème de vous remplir les poches à la sueur de vos employés sous crises de nerfs et chargés à la coke pour tenir la cadence que vous leur imposez ? Vous permettant de garer vos trois voitures de luxe devant l'agence ? Je ne vous demande pas de vous retourner bien sûr, pas envie de voir votre derrière… »
À l'époque, trop jeune et moins affirmée, je ne trouve pas les mots pour lui fermer son caquet et me contente de me taire : cette remarque vient appuyer pile là où ça me fait mal à l'époque, mon poids.
Je déchante. C'est donc ça, le salariat ? Travailler pour un con, subir au quotidien des supérieurs toxiques et se faire humilier en retour ? L'angoisse !
Bien que j'aie la chance de côtoyer deux collègues formidables, Émeline et Yasmina, je m'ennuie à mourir. J'ai fait des études pour solliciter ma créativité et j'ai l'impression d'exécuter un travail à la chaîne : rapports annuels has been, brochures, affiches ringardes et même marque-pages. Pas de reconnaissance, une mauvaise utilisation de mon potentiel : j'ai zéro motivation. Moi qui m'imaginais libre, créative et vivante… Je comprends que je ne pourrai jamais rester en entreprise toute ma vie. Heureusement, je lance plusieurs activités en parallèle pour retrouver de l'énergie et de l'envie : je donne des cours d'histoire de l'art entre midi et deux à des étudiants à peine plus jeunes que moi et je décroche un travail d'illustratrice pour le magazine *Femmes du Maroc*. Malgré tout, ça ne me suffit pas. J'étouffe et j'ai envie d'autre chose. Je suis atypique, boulimique de projets et d'expérience, avide de liberté. Au bout d'un an, je quitte mon poste. C'est le moment de rentrer chez moi.
Vous aussi, vous les avez connues ces expériences pourries et dégradantes ? Et si, ensemble, on apprenait à dire non à des comportements inacceptables ?

RETOUR EN FRANCE ET NOUVELLES TENTATIVES

À mon retour en France, je débarque à Montpellier avec l'espoir de trouver mieux. Mais non, les expériences merdiques vont continuer de s'enchaîner ! Les agences ? toutes remplies à ras bord. Quand je propose mes services en tant que graphiste free-lance ? des refus et encore des refus.

C'est un coup dur, je comprends que ma ville d'origine, Paris, et mon expérience au Maroc jouent contre moi. Je vis ce que peuvent vivre les personnes qui connaissent la discrimination. C'est le choc. Je suis une Parisienne avec une expérience à Casablanca, que peuvent-ils bien faire de ça ?

Résignée, je mets le graphisme de côté et me lance dans de nouvelles activités. D'abord, je rejoins une boîte dans les énergies renouvelables. J'y découvre un environnement de travail qui semble avoir oublié toute considération éthique ou humaine : j'ai un contrat sans aucune sécurité, je suis payée au résultat, je dois faire du phoning et du porte-à-porte, apprendre des pitchs de vente par cœur et pousser des personnes âgées à s'endetter pour installer des systèmes de panneaux photovoltaïques. Je pars au bout de deux mois, en ne comprenant même pas comment ce « boulot » peut être légal.

Je suis écœurée mais j'ai toujours l'espoir que ce soit mieux ailleurs. Je réponds à une annonce de « vendeur à domicile indépendant », ou VDI, dans une agence d'immobilier commercial. Et… rebelote. Je cours dans toutes les rues de Montpellier pour chercher des baux commerciaux, que je dois ensuite laisser à la vente à des collaborateurs plus expérimentés. Je ne touche aucune commission alors que je fais le travail de recherche en amont. J'y reste huit mois sans être rémunérée avant de partir à nouveau.

Je me sens face à un mur. Chacune de mes nouvelles tentatives est un échec. Une chose est sûre : je ne peux pas continuer comme ça.

> VOUS SOUVENEZ-VOUS DE VOS PREMIERS PAS DANS LA VIE ACTIVE ? QU'EN AVEZ-VOUS PENSÉ ? ET QU'EN PENSEZ-VOUS MAINTENANT ? Y A-T-IL DES ÉLÉMENTS QUI NE SONT PAS ALIGNÉS AVEC VOS VALEURS ? VOUS SENTEZ-VOUS VALORISÉ, POUVEZ-VOUS Y DÉPLOYER VOTRE POTENTIEL ?

BOSS

LA PRISE DE CONSCIENCE

À chaque fois que je rentre dans une structure, j'essaye de m'adapter à son patron et à ses méthodes. Sauf que plus j'y pense, plus je me rends compte que j'ai affaire à des arnaqueurs, des tarés, ou des mythos. Parfois, ils ont simplement un mauvais business model qui ne me correspond pas. Je ne veux plus me contenter de trouver un patron qui *tolérera* mes conditions. Car je me rends compte que je suis en train de reproduire ce que j'ai accepté dans ma relation de couple : je laisse les autres se servir de moi, sans comprendre ma valeur. Bon sang, pourquoi est-ce que j'accepte d'être considérée de la sorte ? Par l'intermédiaire d'une amie, je trouve une première vraie cliente qui me confie de petites missions de graphisme régulières. Cette main tendue me redonne espoir. *Il est donc possible de gagner de l'argent en étant freelance* ? Une fenêtre s'ouvre en moi. Peu à peu, je retrouve la force d'oser.

JE NE VAIS PAS LÂCHER

Ça y est, c'est décidé, je me relance à fond dans ma microentreprise. Fuck, je ne vais pas lâcher. Je suis prête à prendre le risque. Tant pis si je dois commencer tout en bas. J'avancerai marche par marche, ça, je sais faire. La pyramide m'attend et j'y crois.

Je dépose mes cartes de visite dans les commerces du centre-ville de Montpellier mais la réponse est généralement la même : « pas besoin ». C'est sûr, à part créer un logo pour leur boutique ou un menu pour les restaurateurs, leur demande en matière de graphisme est limitée. Je comprends que proposer un service en étant à son compte, c'est avant tout répondre à un besoin. Alors, plutôt que de chercher une aiguille dans une botte de foin, je vais aller chercher les clients là où ils sont. Je m'inscris sur les premiers sites de prestations de service : Cargo collective, Star of Service, Malt... Sur ces plateformes, les gens font eux-mêmes des demandes. Il faut payer un abonnement au mois mais, au moins, j'ai accès à ce marché. Je réalise que pour que l'argent vienne à moi, il faut investir. Autrement dit, plutôt que d'attendre que l'argent me coule dans le bec, je vais en placer moi-même là où ça me rapportera.

En parallèle, ma cliente me confie des tâches plus importantes. Non seulement cela me donne un revenu plus confortable et fixe, mais cela me donne aussi confiance en moi. Cette femme était à la tête de sa structure et avait cet état d'esprit positif et aventureux que je voulais moi aussi cultiver. D'une certaine façon, elle m'a montré qu'il était possible de réussir en étant une femme à son compte. C'est grâce à elle que j'entends parler pour la première fois du plafond de verre.

> AVEZ-VOUS RENCONTRÉ DES PERSONNES INSPIRANTES OU AIDANTES SUR VOTRE PARCOURS PROFESSIONNEL ? UN MANAGER BIENVEILLANT, UNE COLLÈGUE QUI VOUS TIRE VERS LE HAUT ? CÉLÉBRONS TOUTES CES PERSONNES !

TÂTONNEMENTS

Mes premiers positionnements ne sont pas excellents. Mon marketing est un peu con car je suis immature professionnellement. Je propose des prestations pour des prix ridicules. Création de logo pour 50 euros, cartes de visite pour 40 euros, curriculum vitae pour 30 euros… Un logo représente jusqu'à six jours de travail : autant vous dire que je n'en vis pas.

Comme puis-je être rentable ? Je comprends que je dois être recommandée et perçois peu à peu l'importance de la e-réputation. Il est possible, et même primordial, de travailler l'image que nous présentons à nos potentiels clients. Avis sur le Web, sur les réseaux ou dans la presse, tous les moyens sont bons pour créer de la preuve sociale. Je demande des avis à mes clients, me positionne grâce au référencement. Ce travail de fourmi va finir par payer et par m'amener plus de clients. Le bouche-à-oreille tourne, les recommandations m'aident : je commence à me faire un nom.

JE FRÔLE LE BURN-OUT

Mon chiffre d'affaires augmente, je frôle les plafonds et je sais que je délaisserai prochainement le statut de micro-entrepreneur. Ce statut me limite, un jour je passerai en SARL.

La charge de travail augmente, mes responsabilités aussi. Le problème avec l'entreprenariat, c'est qu'on est vite trop absorbé par son activité. Pour moi, c'est une chance car j'aime ce que je fais, mais cela va créer des conflits avec mon conjoint de l'époque qui me reproche de travailler tout le temps. Il n'a pas tort. Je passe des nuits blanches sur mes projets, je dois tout gérer sur tous les fronts : la facturation, la petite comptabilité, les allers-retours pour mes clients… Je commence à m'épuiser. Comme j'ai de l'ambition, j'accepte tous les clients qui viennent à moi, je fais l'erreur de ne jamais dire non. Si je continue comme ça, je ne vais pas tenir sur la durée. J'ai du mal à arrêter cette machine et à ralentir.

ENTREPRENDRE
GAME

Mon problème, c'est celui d'apprendre à définir ma valeur. Je ressens bien que j'accepte trop de tâches, mais je n'assume pas de proposer de vrais prix. Ma place de petite fille courageuse qui veut bien faire sans trop se plaindre, mes craintes d'ado avec l'envie de me cacher, mes expériences chaotiques dans mes premiers jobs, mon estime au cachot dans ma première relation amoureuse ne m'auraient-elles pas toutes forgé des croyances irrationnelles à mon sujet ?
C'est en pleine remise en question de mon fonctionnement que l'un de mes clients me pose une question qui va changer ma vie. « Alice, tu accepterais de gérer mes réseaux sociaux ? »

> ARRIVEZ-VOUS À VOUS ÉCOUTER ET À NE PAS VOUS SURCHARGER DE TRAVAIL ? OU AVEZ-VOUS, VOUS AUSSI, CETTE MENTALITÉ DE BON PETIT SOLDAT, CAUSE DE TANT DE BURN-OUT ?

Mon problème, c'est celui d'apprendre à définir ma valeur

LA FUSÉE DES RÉSEAUX SOCIAUX

L'idée me tente mais je me rends compte que j'ai des lacunes. Instagram est arrivé en 2010, on est en 2016 et je n'ai jamais appris à maîtriser professionnellement les réseaux sociaux. Je décide de me former en ligne. C'est la première fois que je choisis seule de me payer ma propre formation : un choix par moi et pour moi. Je découvre tout un monde. Instagram ne sert donc pas juste à partager la photo de son cocktail à Bora-Bora ? Quel lot de connaissances, quelles techniques dingues à découvrir ! La plateforme en elle-même a ses propres codes et il ne tient qu'à moi de me les approprier. Je plonge dans ces apprentissages : comment se positionner sur des hashtags, pourquoi va-t-il falloir qu'ils restent le plus longtemps possible en publications populaires, comment créer la régularité, comment s'approprier le principe de troc (donner pour recevoir) pour créer de l'engagement. Qu'est-ce que le *branding*, qu'est-ce que le *storytelling*, qu'est-ce que le *copywriting*... ?
Petit à petit, je maîtrise tous les ressorts et décuple mes compétences.

> ET VOUS, POURRIEZ-VOUS DÉVELOPPER VOS COMPÉTENCES DANS UN DOMAINE QUI VOUS INTÉRESSE ?

EXPOSÉE

Tout ce que j'apprends, je l'applique à mes propres réseaux sociaux. Mon objectif : développer mes comptes pour gagner plus de clients. Plus je suis à l'aise avec l'outil, plus j'ose me mettre en scène. Cette mise en avant n'est pas du goût de tous mes proches. À l'aube de mon lancement, des amis vont se moquer de moi, voire me tourner le dos en me taxant d'égocentrique. Mes oncles et cousines iront jusqu'à dire à ma mère que je n'ai pas de valeurs. Quelle violence dans leurs propos. Tous les haters virtuels ne m'ont jamais fait aussi mal que ma famille. J'essaye juste de trouver de nouvelles options, d'autres moyens de gagner ma vie. Premièrement, parce que je me rends bien compte, même si je suis fraîchement diplômée, que mon métier tend à disparaître ; deuxièmement parce que j'ai besoin d'inverser la tendance pour ne pas finir en burn-out à 26 ans : je dois créer l'engouement, que les clients viennent à moi et que je n'ai plus à me brader pour espérer générer du chiffre. Se montrer, parler face caméra à des inconnus invisibles... L'exercice est difficile, surtout quand notre physique n'est pas notre meilleur ami. Il y a toujours cette petite voix dans la tête qui nous susurre : « Qu'est-ce qu'ils vont penser de toi ? » À moi de faire le choix : j'y vais ou je n'y vais pas. Vous commencez à me connaître, je fais partie de ceux qui y vont.

Des critiques, je vais devoir en encaisser. J'ai compris que ça faisait partie du jeu. J'ai compris aussi que si elles ne sont pas constructives et dans l'attaque, elles parlent au fond de la personne en colère qui la rédige. Une personne bien dans sa peau et épanouie a normalement bien d'autres choses à faire que de critiquer une personne qu'elle ne connaît même pas.
Je fais un pacte avec moi-même : à partir d'aujourd'hui j'avancerai et je ne prendrai plus rien pour moi.

> ET VOUS, LA PEUR DE REGARD DES AUTRES VOUS EMPÊCHE-T-ELLE DE VOUS LANCER DANS DES ACTIVITÉS QUI VOUS FONT VRAIMENT VIBRER ?

Petit à petit, je maîtrise tous les ressorts et décuple mes compétences

À force de persévérance, ma communauté grandit. Elle m'apporte audience, crédibilité et visibilité. Je peux me permettre de dire non à certains clients, je démarche moins, les opportunités viennent à moi. Je gagne enfin en confort !
Tout n'est pas idyllique, c'est à cette même période que je vais subir ma deuxième rhinoplastie lamentablement ratée. Je jongle déjà avec mon manque de confiance en moi et les TCA, alors avoir un visage défiguré, quand mon physique et mon visage doivent m'aider à évoluer ? le comble ! Je me mets à utiliser des montagnes de filtres, ce qui n'est pas toujours bien vu et renvoie une image très superficielle alors que je ne le suis pas du tout.
Bon an, mal an, je continue de poster car Instagram me l'impose. Je contacte des créateurs de contenu, m'en fais des amis, d'abord dans ma ville puis en dehors. On se soutient, ensemble on comprend que l'union fait la force, même sur les réseaux sociaux. C'est parti, la fusée des réseaux sociaux est lancée.

JE TROUVE ENFIN MA PLACE

Grâce aux réseaux sociaux, je m'éloigne de ce que j'ai connu au travail. Instantanéité. Pas de lien de subordination. Horaires aléatoires. Liberté de mouvement. Ai-je le syndrome de l'imposteur ? Oui, comme tout le monde, mais j'avance. Se lancer en tant qu'entrepreneur ET en utilisant les réseaux sociaux, c'est devenir le rédacteur en chef, le responsable publicité, le photographe, le journaliste de son propre journal… On endosse tous les rôles, pourtant la plupart des gens vont nous coller l'étiquette de l'influenceur et tous les clichés qui vont avec. On m'a proposé je ne sais combien d'émissions de téléréalité mais j'ai toujours refusé. C'était peut-être un chemin plus facile. Mais je ne m'y projette pas. Moi, je veux construire ma communauté de manière organique.

Je cherche un moment mon positionnement. Influence mode ? beauté ? Je me pose la question de qui je veux être. Incarner un personnage, ou être simplement moi ? Quel message je veux véhiculer ? Comment trouver l'équilibre entre ce que je partage et ce que je veux garder privé ?

Peu à peu, je trouve ma place et mon style. Finalement, je vois qu'en partageant mes expériences, en étant transparente par rapport à mon vécu, des personnes se reconnaissent dans mon récit. Elles se sentent comprises et cela les aide. Quant à moi, avoir un impact positif sur la vie des gens me nourrit énormément.

Pour certains, les réseaux sociaux revêtent un manteau néfaste et malsain mais pour moi, ils sont avant tout synonymes de partage et de communauté. Bien sûr, ils sont aussi synonymes d'opportunités : grâce à eux j'ai commencé à travailler pour un grand groupe de casinos, de grands laboratoires, de grosses entreprises agroalimentaires, pour une chaîne de restauration rapide, on m'a proposé d'être ambassadrice d'associations, porte-parole de certaines actions, chroniqueuse radio, TV, conférencière et même auteure, j'ai été conviée aux plus grands événements sportifs et culturels… Mes réseaux m'ont ouvert de nombreuses portes en grand. Ils ont tout simplement changé ma vie !

Avoir un impact positif sur la vie des gens me nourrit énormément

Avec un rire grinçant, souvent, j'essaye de m'imaginer à nouveau dans ce corps frêle de l'Alice de 23 ans qui, résidant boulevard d'Anfa à Casablanca, enfermée un vendredi soir parce que son compagnon en colère l'avait décidé, avait choisi d'accepter la situation. Quand j'ai cette pensée, je visualise le décalage énorme, neuf ans plus tard, avec l'Alice d'aujourd'hui, 32 ans, à qui l'on donne la parole à la télévision pour parler de son expertise. Alice pour qui l'on fait des centaines de kilomètres, en train, en avion, afin d'assister, aux côtés de centaines de personnes, à ses conférences pour apprendre des techniques d'éloquence, de marketing, ou apprendre à avoir l'audace de se lancer. Alice à qui on fait confiance et avec qui on se forme pour développer son business ou sa visibilité. Cette Alice qui est régulièrement sollicitée pour témoigner dans des podcasts, des émissions, des articles... Une Alice à qui on propose même d'écrire un livre. Quel contraste ! Si on m'avait raconté tout ça, je n'y aurais pas cru.

Y repenser régulièrement me fait du bien. Cela me permet, en cas de doute, de me rappeler d'où je viens. Je puise dans ces anciens souvenirs pour qu'ils servent à tout un chacun. Ils ne représentent pas les pires moments qu'une personne puisse vivre, bien sûr. Mais j'aime les analyser et y déceler ces extrêmes retournements de situation et divergences qui me permettent d'expliquer aux personnes qui en auraient besoin : « Regardez comme vous êtes capables de transcender vos blessures ! »

> VOUS AUSSI, VOUS AVEZ PARCOURU UN CHEMIN ÉNORME ! PENSEZ À QUI VOUS ÉTIEZ IL Y A QUELQUES ANNÉES : AURIEZ-VOUS ÉTÉ CAPABLE DE FAIRE CE QUE VOUS FAITES AUJOURD'HUI ?

DU RÊVE À L'OBJECTIF

Avec cette aventure entrepreneuriale, je comprends qu'à force de persévérance, les rêves peuvent se réaliser. Il faut transformer le rêve en objectif. Un objectif peut être atteint ou non, mais dans la tête, il existe vraiment. D'une façon amusante, le virtuel m'a permis de façonner des choses concrètes, inspirantes et impactantes dans le monde réel. Puiser de son téléphone les ressources qui nous propulsent dans la vie, c'est fascinant. « Alice, t'es perchée, lâche ton tel ! — Hé, maman, tu ne vois pas tout ce que j'arrive à atteindre grâce à mon téléphone ? » Seule, je l'ai fait. J'ai réussi à m'aider de l'irréel pour façonner ma vie dans le réel. Tout en gardant mes valeurs, mon authenticité, mon ouverture d'esprit. La petite fille hyperactive n'aurait-elle pas trouvé sa « zone de génie », comme on dit ?

> ET VOUS, QUEL EST VOTRE RÊVE ? RAPPELEZ-VOUS : QUI S'ÉCOUTE, SE COMPREND ET S'EN DONNE LES MOYENS, SE RAPPROCHE DE SON RÊVE !

SE DONNER L'AUTORISATION

Tout commençait très mal et pourtant aujourd'hui je génère des centaines de milliers d'euros. J'ai la chance de faire des boulots que j'adore. Aucune journée ne se ressemble, tout file à cent à l'heure, je rencontre des dizaines de personnes inspirantes et je touche à plein de choses... Tout ce que j'aime !
Je me suis donné l'autorisation. Celle de faire ce qui me faisait vraiment kiffer sans chercher à rentrer dans un moule, sans chercher à plaire à tout le monde. Moi aussi j'ai le droit de me façonner une carrière et un nom. J'en ai le droit, oui, mais j'en ai aussi la capacité. Eh oui, rappelez-vous qu'à l'ère d'Internet, de l'école gratuite et des réseaux sociaux, vous avez suffisamment de pouvoirs entre vos mains pour transformer votre avenir à tout jamais, bien sûr, si vous vous y autorisez. Une fois que vous vous êtes donné cette autorisation, il ne vous reste plus qu'à faire : travailler, s'améliorer, et ne pas renoncer. Sortir des rails fait peur, mais si vous en sentez l'appel, suivez-le. Tout le monde n'est pas fait pour un CDI et une routine tranquille.
La confiance de mes parents m'a aussi aidée à franchir ce pas. Je suis encore jeune au moment où je me lance et ce soutien a été indispensable car je savais que j'étais épaulée. On en revient toujours aux basiques : l'importance d'avoir de bons soutiens. L'aventure entrepreneuriale est intense et challengeante, avoir autour de soi des gens qui vous disent « on croit en toi », c'est inestimable.
La connaissance de moi m'a beaucoup aidée dans ce chemin. J'ai entrepris de comprendre pourquoi je me sentais si mal et si peu stimulée dans des grandes structures classiques et surtout... j'ai testé !

> AVEZ-VOUS TENDANCE À SUIVRE LES CONSEILS DE VOS PROCHES PLUTÔT QUE DE VOUS ÉCOUTER VRAIMENT ?
> AVEZ-VOUS PEUR DE NE PAS ÊTRE PERÇU·E COMME RAISONNABLE ?
> VOUS DONNEZ-VOUS LE DROIT DE POURSUIVRE CES RÊVES QUI N'APPARTIENNENT QU'À VOUS ?

Tout le monde n'est pas fait pour un CDI

LA PHASE DE TESTING

Cette phase, elle est indispensable. Je le répète souvent aux personnes que j'ai en formation. J'ai testé plein de choses dans ma vie. Vous en avez eu un aperçu mais il y a eu bien d'autres projets encore : une marque de lingerie, une appli touristique... Certains projets m'ont menée loin, d'autres non. Mais tous m'ont énormément appris !
La clé, c'est de ne pas s'attendre à ce que les choses fonctionnent tout de suite. Lancez-vous avec de la curiosité. *Voyons voir ce que ça donne si je fais ça... ? Et ça ?* Soyez l'explorateur de votre vie. Faites autant d'ajustements que nécessaires. On peut adopter cette mentalité d'entrepreneur que l'on soit en CDI, fonctionnaire ou start-upper. C'est avant tout un état d'esprit : aller vers les choses avec audace et une touche de folie, ne pas se figer par peur de rater. Pensez aux enfants qui vivent dans l'émerveillement, la découverte et la créativité. C'est cela qu'il faut retrouver ! Les remises en question n'en seront que plus faciles.
De toute façon, tout bouge tout le temps. Nous ne serons jamais vraiment arrivé·e·s. Cette phase de testing ne prend jamais fin. C'est pour la vie, et c'est tant mieux !

> COMMENT POUVEZ-VOUS DISTILLER DANS VOTRE VIE
> CET ÉTAT D'ESPRIT D'ENTREPRENEUR·E-EXPLORATEUR·TRICE ?

$$\frac{\text{CONFIANCE + AUDACE}}{\sqrt{\text{ÉCHEC}}}$$

FAIRE LE BILAN

L'important, c'est de faire le point après les différents tests. Faire un bilan de ce qui a marché ou non. De la même façon, ce qui m'a vraiment aidée pour évoluer, ce sont les retours et avis de mes clients. Une remarque, peu importe qui est en face, est précieuse. Plutôt que de m'accabler à propos des échecs, j'ai pris ce que j'avais à prendre et je suis repartie de plus belle, plus expérimentée et plus riche de ces leçons. Je me suis toujours focalisée sur le positif.

> QU'EST-CE QUI VOUS PLAÎT LE PLUS DANS VOTRE ACTIVITÉ PROFESSIONNELLE ?
> ET QU'EST-CE QUE VOUS N'AIMEZ PAS ?
> AVEZ-VOUS IDENTIFIÉ CERTAINES DE VOS FACILITÉS ?
> QUEL BILAN POUVEZ-VOUS EN TIRER ?

SHINE BRIGHT LIKE A DIAMOND

En testant des opportunités, vous allez affiner et affiner toujours plus votre expérience et votre connaissance de vous-même. Finalement, c'est comme la phase de facettage d'un diamant. Le diamant, c'est vous : vous avez déjà une valeur inestimable à l'état brut. Mais tel travail sur telle facette vous fera peut-être briller encore plus intensément et renverra la lumière avec plus de force qu'avant. Avec le temps, votre facettage sera de plus en plus précis, magnifique, et adapté à vous.
Car nous ne sommes jamais fait·e·s d'un seul bloc. Nous avons de multiples facettes, certaines conscientes et d'autres inconscientes. Nous sommes des êtres complexes qui ne peuvent être réduits à une tâche ou à une fonction. Accepter toutes ces parties de nous est indispensable pour trouver une activité dans laquelle on se sent épanoui·e·s. Surtout si vous êtes des multipotentiels, comme moi ! On peut par exemple être comptable mais être très créatif·ve. À ce moment-là, comment combiner les deux ? Plein de possibilités s'offrent à vous : rester dans une entreprise mais mettre en place un système qui vous est propre, vous lancer à votre compte... Cela demande de se connaître et... de tester, encore et toujours !

> PARTEZ À LA DÉCOUVERTE DE VOS PROPRES FACETTES, DEVENEZ DIAMANTAIRE
> ET RÉVÉLEZ VOTRE PROPRE LUMIÈRE !

CHÉRISSEZ VOS ÉCHECS

C'est en se lançant et en faisant que l'on apprend. Les erreurs ne sont pas seulement inévitables, elles sont la clé du succès. C'est grâce à elles que vous comprendrez ce qui marche et ce qui ne marche pas.

Quand je repense à mes expériences professionnelles pourries, je ne peux que ressentir une vague de gratitude. HEUREUSEMENT que ça n'a pas marché, heureusement que je me suis pris ces portes, car sans cela je ne me serais jamais lancée dans cette aventure. Je serais peut-être en train de vendre des panneaux photovoltaïques à l'heure qu'il est ! Je n'ai pas eu d'autre choix que de me lancer à mon compte, et c'est ce « pas le choix » qui m'a sauvée. Il m'a menée là où je n'aurais même pas imaginé aller. Plus jeune, je rêvais simplement de gagner 2 000 euros net et d'avoir un bon travail. Je ne savais pas qu'une autre réalité était possible. Et pourtant... !

Il est l'heure de célébrer toutes ces portes fermées, tous ces « échecs » qui n'en étaient pas et qui vous ont permis d'être la personne que vous êtes aujourd'hui.

Il est temps de remercier toutes ces portes fermées qui m'ont remises sur le droit chemin

DEVIENS TA PROPRE GROUPIE !

Damn ! J'ai déjà parcouru tout ça ? J'ai 32 ans, ma maison-agence de 300 m² sans crédit, un adorable chéri, des revenus automatiques, des centaines de témoignages d'élèves qui me remercient, des missions pour des chaînes de TV et des entreprises que je n'aurais jamais pensé signer, des opportunités chaque semaine, une communauté de gens incroyables… Wouah ! Je suis FIÈRE de ce que j'ai accompli !

Même après mes plus petits accomplissements, j'ai toujours fêté mes réussites. « Papa, j'ai signé pour une première page BD dans le magazine *Femmes du Maroc*, tu te rends compte ? » (Alice, 22 ans). « Maman, j'ai réussi à peindre tout le plafond de l'étage de ma maison seule, t'imagine ? » (Alice, 25 ans). C'est peu commun en France d'assumer qu'on est fier·ère de soi. La réussite se cache, les accomplissements rendent jaloux·se. Pourtant j'aimerais vous rappeler l'importance cruciale d'être votre premier·ère supporter·trice ! Vous devez marquer le coup et accepter, peu importe la taille de la victoire, que vous devez être fier·ère·s de vous. Nul besoin d'étaler cette fierté au grand jour, ça se passe entre vous et vous. Transformez l'énergie que vous déployez pour vous rabaisser et vous juger en une énergie de cœur et de soutien envers vous-même. Parlez-vous, remerciez-vous !

Parole d'une Alice qui a connu un soutien presque caricatural de son Papa. Cette fierté exprimée dans la joie et ce support sans faille étaient tels qu'ils m'ont, je le sais, boostée à faire toujours mieux la prochaine fois.

Nous n'avons pas tous la chance d'être entouré·e·s d'un public de fans hystériques, ou de parents soutenants, alors comprenons que nous devons devenir nos propres groupies, et récompensons-nous pour le chemin accompli !

> PRENEZ-VOUS LE TEMPS DE VOUS ADRESSER CES FÉLICITATIONS ? SINON, PRENEZ CE TEMPS AUJOURD'HUI ! JE VOUS ENVOIE TOUTE MON ADMIRATION À DISTANCE !

“Tout est possible à qui maîtrise l’art de l’alignement.”

L'ÉCLAIRAGE DE Audrey Tcherkoff

Entrepreneure

@audreytcherkoff

Trois clés pour une vie professionnelle épanouie.

1. Ne pas se laisser enfermer dans une case

Je suis souvent incapable de répondre à la fameuse question : « Qu'est-ce que tu fais dans la vie ? » Ma carrière professionnelle a été jalonnée de grands virages, et j'ai évolué dans des secteurs très différents. Diplômée d'une école de commerce parisienne, j'ai commencé mon parcours professionnel dans le monde du luxe, chez Saint Laurent, avant de rejoindre le plus grand producteur mondial de perle noire et passer dix années à voyager sur tous les continents… J'ai ensuite dirigé une grande ONG, et je travaille aujourd'hui à la télé !

2. Être surmotivé

Avoir un parcours académique ou avoir fait un nombre d'années d'études minimum pour se lancer dans une nouvelle activité n'est pas forcément ce qui caractérise les plus grands succès. Ce ne sont pas forcément les profils les plus diplômés qui deviennent les meilleurs éléments d'une organisation, mais ce sont souvent les plus motivés. Mes meilleurs collaborateurs étaient ceux qui s'impliquaient autant que moi et qui avaient cette rage de réussir qui fait toute la différence. Il n'y a pas de raccourci vers le succès, pas de recette magique, juste une dose maximale de travail.

3. Assumer de faire carrière quand on est une femme

Les droits des femmes ne sont jamais acquis : aux personnes qui me disent qu'aujourd'hui le féminisme est un combat dépassé et qu'il y a beaucoup de femmes puissantes, je leur réponds que

ce n'est pas vrai. Si on regarde quelques chiffres, seulement 28 % de femmes accèdent à la fonction de maire en France, seulement dix-neuf femmes sont à la tête de pays dans le monde, uniquement deux à la tête d'entreprises du CAC40… il faut donc encore se battre pour être nommée à des postes à responsabilité si on en a envie. Tout est question d'égalité des chances.
Et de sacrifices. Pendant de nombreuses années je n'ai pas pu amener ni aller chercher ma fille à l'école ou encore participer aux fêtes de fin d'année, et elle m'en a voulu… Mais je pense qu'il faut assumer face à la société et aux médias – comme je l'ai montré à chacune de mes prises de parole en faveur de l'égalité –, et c'est le choix que j'ai fait.

4. Ne pas avoir peur de devenir soi

Nous sommes trop souvent freiné·e·s par le regard des autres et par la peur d'échouer. Cette peur nous conduit à renoncer et à passer à côté d'opportunités. Plus nous parvenons à nous en émanciper, plus il nous est possible de devenir qui nous sommes vraiment et de réaliser tout notre potentiel.

5. Ne pas craindre l'échec

L'échec devrait être perçu comme une étape vers la réussite. Il nous permet d'apprendre, de nous remettre en question, d'affiner notre méthode et d'épaissir notre carapace. C'est une vision très française de le voir comme un repoussoir. Je n'ai jamais autant appris que lorsque j'étais en situation d'échec ou en-dehors de ma zone de confort. Lorsque je me suis installée au Qatar à l'âge de vingt-six ans pour créer une société de production de perles qui a redonné vie à l'industrie historique du pays avant que le gaz ne soit découvert, le choc culturel a été gigantesque. J'étais loin de chez moi, seule, dans un environnement patriarcal très difficile pour les femmes entrepreneuses. J'ai passé quatre longues années à mener une levée de fonds en laquelle personne ne croyait. J'avais toutes les raisons d'abandonner et de faire autre chose mais je n'ai pas lâché, j'ai gardé confiance en moi, j'ai suivi mon instinct, et ai finalement réussi à lever 12 millions d'euros.

6. Utiliser sa passion comme moteur

Définir clairement ce qui nous passionne vraiment, en dehors de ce que la famille, les proches ou la société attendent de nous, est essentiel. La passion est le plus puissant des carburants, surtout dans les moments difficiles.

7. Savoir dire non

C'est une faculté essentielle. Dire non à un projet qui ne nous anime pas à 1 000 % ou à des personnes avec lesquelles nous ne sommes pas totalement aligné·es est le meilleur moyen de trouver le chemin qui est le nôtre.
Et ne jamais oublier que, pour gagner gros, il faut rêver grand.

C'EST À VOUS !

EXO 1 Un petit bilan de votre situation professionnelle pour commencer !

Dans votre vie, vous sentez-vous actuellement épanoui·e professionnellement ?
(le 10 étant le max de l'épanouissement, le 0 étant le minimum)

/10

Trouvez deux raisons qui vous ont poussé·e à donner cette note :

....

....

Quelles ont été vos meilleures expériences professionnelles ? Et les pires ? Pourquoi ?

....
....
....
....
....
....
....
....
....
....
....
....
....
....
....

On se projette dans le futur.

Si vous pouviez claquer des doigts et, pouf, arriver dans votre vie professionnelle rêvée, quelle serait-elle ?

....
....
....
....
....
....

Êtes-vous capable de lister ce qui vous manque pour arriver à cette vie professionnelle rêvée :

....
....
....
....
....
....

Pour vous, quel est votre potentiel sur 10, de réussir à réaliser ce rêve dans votre vie ? ..../10

Et si je vous disais que vous pouvez d'ores et déjà le toucher du doigt ? Manifestez-le ! Pour ça, commençons par diviser ce grand rêve en plus petits objectifs :

Écrivez un objectif professionnel que vous aimeriez atteindre dans un mois

....
....

Écrivez un objectif professionnel que vous aimeriez atteindre dans six mois :

....
....

Écrivez un objectif professionnel que vous aimeriez atteindre dans deux ans

....
....

Et maintenant, lancez les premières actions pour le premier objectif à atteindre dans un mois ! Le plus important est de commencer à se lancer.

....
....
....
....

EXO 2 Quatre défis pour adopter le tempérament ambitieux d'un entrepreneur !

Défi 1

Allez sur Youtube et regardez un tutoriel, une conférence ou un reportage sur ce sujet qui vous intéresse tant (tuto logiciel, émission de développement personnel, reportage sur le marché de votre secteur…) et que vous n'avez jamais pris le temps de faire. Vous pouvez aussi vous rendre en librairie et commander ce livre qui vous fait tellement envie. Je ne vous oblige pas à le lire en entier, je vous invite à prendre une page au hasard, à prendre la lecture en cours de route et à vous demander pourquoi vous avez été attiré·e par ce livre.

□ check

Défi 2

Quelles sont les personnes dont vous admirez le parcours professionnel ou qui exercent le métier de vos rêves ? Cela peut être des personnalités publiques ou des personnes de votre entourage. Vous les avez bien en tête ? Maintenant, choisissez-en deux et écrivez-leur en expliquant qu'elles sont pour vous une inspiration et que vous aimeriez pouvoir échanger avec elles et entendre leurs conseils avisés. Rien de tel qu'une bonne dose d'inspiration et de partage pour se booster et passer à l'action !

□ check

Défi 3

Listez trois autres métiers que vous auriez pu exercer, autres que le vôtre (bien entendu, ne prenez pas en compte vos contraintes financières, je parle vraiment d'un métier plaisir-passion). Arrivez-vous à visualiser des images de vous exerçant ces métiers ? Arrivez-vous à vous rendre compte du potentiel inestimable que vous avez en vous ?

□ check

Défi 4

Faites la liste de tous vos accomplissements professionnels, du plus petit au plus remarquable, et affichez-la à un endroit où vous pourrez la voir souvent.

□ check

EXO 3

Le questionnaire de l'intégrité professionnelle

Parfois, la pression professionnelle, les cultures d'entreprise et l'injonction à la performance font passer l'intérêt de l'entreprise avant le nôtre et nous font oublier que le plus important est bien d'être fidèle à soi-même, à ses valeurs, et de se respecter, au risque sinon de fragiliser son estime de soi. Ce questionnaire remet les pendules à l'heure.

Listez cinq situations où vous vous rappelez avoir fait des choses pour les autres (un patron, un collègue, un client) alors que vous ne vouliez pas le faire ou n'étiez pas en phase avec vos valeurs.

Exemple : faire cette modification alors que vous n'étiez pas censé·e la faire, faire cette heure supplémentaire alors que vous auriez dû partir...

01.

02.

03.

04.

05.

Comment auriez-vous pu vous positionner autrement pour vous respecter ?

01.

02.

03.

04.

05.

Qu'est-ce que cela aurait pu engendrer (pensez aux pires scénarios !) : est-ce réellement grave ? Quel est le plus important : être en accord avec soi, ou renvoyer l'image du bon élève parfait ?

01.

02.

03.

04.

05.

C'est en s'entraînant et en pratiquant que l'on parvient à construire une estime de soi solide !

EXO 4

L'intelligence relationnelle

Testez votre intelligence relationnelle. Citez une personne par catégorie :

Une relation pro (collègue, prestataire, patron) :

Une relation d'activité (une personne que vous avez rencontrée ou croisée au sport, sur les réseaux, dans votre ville...) :

Une relation familiale (frère, sœur, cousin, cousine, beau-frère, belle-sœur, enfant...) :

Une relation amicale (ami·e, connaissance) :

Maintenant que vous avez vos quatre noms, testons votre intelligence relationnelle : êtes-vous capable de lister des informations relationnelles pour chaque personne ?

Mon exemple :
Relation pro : Je peux penser par exemple à un collaborateur, développeur web. Je sais que Jérémie a un gros réseau en Touraine, a également un pied chez EDF et connaît une certaine Monique qui a des affaires à Saint-Barthélemy. Cette info, sur le principe, n'a pas d'importance à ce jour, mais pourrait en avoir le jour où je déciderai sur un coup de tête de changer de vie et d'habiter sur une île par exemple.

À VOUS

Les infos sur ma relation pro :

À quoi ça pourrait me servir :

Mon exemple :
Relation d'activité : Je peux penser à Monsieur le maire de mon village, qui par ailleurs est actif à la Métropole et en lien avec le service de l'urbanisme de ma ville. Si un jour j'étais amenée à avoir besoin d'un permis de construire, il serait certainement de bon conseil pour m'aider à rédiger ma demande correctement.

À VOUS

Les infos sur ma relation d'activité :

À quoi ça pourrait me servir :

Mon exemple :
Relation amicale : Je peux penser à mon amie Julie, qui travaille dans l'immobilier, qui connaît énormément de monde dans la ville où j'habite à Montpellier. Je sais qu'elle a inscrit son enfant dans une école spéciale. Je garde l'information pour plus tard.

À VOUS

Les infos sur ma relation amicale :

À quoi ça pourrait me servir :

Mon exemple :
Relation familiale : Je peux penser à mon frère qui connaît un très grand nombre d'ingénieurs à Toulouse. Ces amis peuvent peut-être un jour m'être d'excellents conseils si je devais réfléchir à des travaux d'aménagements spécifiques (meilleure isolation des murs…).

À VOUS

Les infos sur ma relation familiale :

À quoi ça pourrait me servir :

RELEVEZ LE DÉFI EN VRAI #5

Rendez-vous sur mon compte Instagram
www.instagram.com/alicecatdesigner dans la story à la une : « Solide ».

Faites un screen de ce visuel,
écrivez les sept choses que vous allez mettre en place dès maintenant dans votre vie pro et partagez vos réponses dans votre story.

N'oubliez pas de taguer **@alicecatdesigner**
si vous souhaitez que je repartage votre courage.

Les 7 choses que je mets en place pendant 1 an dans ma vie pro !

1 ....

2 ....

3 ....

4 ....

5 ....

6 ....

7 ....

« Comment ai-je pu être aussi conne pour ne pas m'en être rendue compte ! » Vous connaissez cette phrase ? Oui ? Non ? Perso, je la connais par cœur !

Ce que je ne vous ai pas encore raconté concernant ma carrière professionnelle, c'est le nombre incalculable d'arnaques, entourloupes et fausses propositions que j'ai connues. Je pourrais écrire un livre entier sur le sujet ! J'espère qu'en parler ici vous montrera que rien n'est jamais perdu, quelle que soit la situation.

Si vous êtes comme moi, sachez qu'avoir une forte empathie, une gentillesse à toute épreuve, avoir des rêves et envie de faire confiance aux gens ne sont pas une malédiction, au contraire ! Mais seulement à partir du moment où l'on apprend à poser ses limites...

Prenez du pop-corn et installez-vous confortablement, la trilogie du Seigneur des anneaux *commence !*

CHAPITRE 6

ARNAQUES LAND

JE SUIS LE MIEL DES ESCROCS

LES JOIES DE L'ENTREPRENEURIAT

Quand on se lance dans l'entrepreneuriat et qu'on croit dur comme fer à ses idées, on peut tomber sur n'importe quoi et surtout n'importe qui. C'est ce que je vais expérimenter au lancement de ma microentreprise de graphisme.
Je rencontre, via une plateforme sur laquelle je me suis inscrite, un « producteur » qui se dit être LE responsable des castings de *The Voice*. Cela me paraît crédible, d'autant plus qu'il cite le nom de Bruno B., un ami d'amis qui, je le sais, est très connu et travaille bien pour l'émission *The Voice* depuis des années. C'est lui-même qui a repéré il y a quelques années le chanteur Kendji Girac, un vrai ponte dans le milieu de la musique. Le « producteur » a, dit-il, besoin d'un graphiste ultra-réactif et compétent, prêt à relever tous les défis. *Génial, c'est ce que je cherchais !* Il a besoin d'affiches, de badges, de fonds de scène, de T-shirts, de communiqués de presse, de kits média, de teasers, de flyers, de roll-up, pour les opérations et les concerts en prévision… Je suis une acharnée de travail, cette proposition me plaît clairement ! Nous commençons notre collaboration, il m'explique tous ses projets futurs, il est passionné et a des tonnes d'idées, c'est tellement stimulant ! Alors je me lance, et je lui fournis les premiers visuels attendus dès le lendemain.
« Alice, je te nomme responsable de communication ! C'est incroyable ta capacité de production, je n'ai jamais vu ça ! Tu as fait tout ça en une nuit ? Non mais c'est dingue… Tu vas venir à mes côtés, je te présenterai les équipes de Paris et les directeurs de casting. Ton rôle ? Il sera très important. Il faut que tu le saches ! Tu n'oublieras pas de me communiquer tes prétentions salariales. J'ai bien conscience de la charge énorme de travail que je te demande. Ton contrat sera prêt dès que la société 5B Production sera montée et les démarches administratives finalisées. J'ai actuellement un léger retard administratif à cause d'un souci sur le montage de la société et la validation de l'Urssaf, mais envoie-moi tout de même toutes tes infos pour que je prépare ton contrat. Pas de panique je devrais recevoir tous les éléments d'ici trois mois. On mettra tout à jour d'ici là. »

Plus c'est gros, plus ça passe

Putain, *guys*, vous aussi en lisant vous sentez l'entourloupe ? En vous l'écrivant presque huit ans plus tard, je me rends compte à quel point ça sentait déjà le roussi. Mais non, Alice, 26 ans, avait décidé de faire l'autruche. On l'appelle Madame Je-Marche-Pas-Je-Cours. Je jette fièrement mes deux pieds dans le plat de mayonnaise avariée.

Les jours passent, tout se déroule à merveille. Le « producteur » est satisfait. Je finis même par rencontrer Bruno B., qui encense le « producteur ». À la première répétition générale, toute l'équipe est là, directeurs de casting, musiciens, attachée de presse. Bordel, plus c'est gros, plus ça passe. Je ne peux que croire à toute cette mascarade, nous sommes bel et bien dans la ville de Port-Barcarès, nous dormons tous bel et bien au Novotel, les câbles, les instruments existent bel et bien. Mes affiches sont installées dans les abribus de la ville, mes badges sont imprimés, mon site Internet est en ligne... Tout est réel. Arrive la fin du premier mois, tout marche et avance comme sur des roulettes. Tout, sauf mon « statut juridique ».

Au moment de parler du règlement à la fin de ma première période de travail, le « producteur » se montre très embarrassé : « Oh ! là, là, c'est vrai, on est déjà à la fin du mois, je vais faire accélérer les choses, ne t'inquiète pas, ça va barder dans le bureau de mon comptable, tu peux compter sur moi ! » Bien entendu : aucun virement n'arrive. Je vous laisse imaginer la suite... Un mois, deux mois, trois mois... Les excuses sont toujours plus farfelues. Soit. Nous avons une bonne entente, je décide encore de lui faire confiance et j'enchaîne avec de nouvelles missions.

Cent cinquante rendus plus tard, toujours pas d'argent en vue. Quand je demande des nouvelles de mon contrat il évoque toujours un autre sujet : « Alice, j'ai une nouvelle géniale, on va recevoir Lisandro, le gagnant de *The Voice* l'année dernière, peux-tu vite lui préparer son badge VIP ? »

L'été passe, je commence vraiment à perdre patience. Je me mets à poser des questions autour de moi, auprès des autres membres de l'équipe. « Et toi, il t'a payée ? », dis-je à Magalie, l'attachée de presse. « Non, et toi ? » Je commence à démanteler l'énorme sac de nœuds de cette toile de mensonges. Le choc. Toute l'équipe est en train de se faire avoir. Je suis réellement en train de vivre dans une série Netflix grandeur nature ! « Les gars, il faut qu'on se réveille ! Ce mec, c'est le Jérôme Kerviel de la musique ! »

> POURQUOI AI-JE MIS SI LONGTEMPS À RÉAGIR ?
> COMMENT AI-JE PU ACCEPTER DE TRAVAILLER GRATUITEMENT
> TOUT CE TEMPS ?
> ÇA VOUS EST ARRIVÉ À VOUS AUSSI, DE VOUS FAIRE AVOIR COMME UN·E BLEU·E ?
> POURQUOI ?

NE PAS LAISSER LES INJUSTICES IMPUNIES

Les yeux enfin grands ouverts face à la situation, je remue ciel et terre pour tenter de prévenir tout le monde. Sans perdre de temps, le « producteur » me fait alors passer pour la cinglée de service. « Vous avez vu, je vous l'avais dit, elle essaye de détruire tout ce qu'on a bâti depuis des mois, bloquez-la de partout. » Comme son château de cartes de la manipulation est hyper bien ficelé, toute sa stratégie fait sens au moment où je décide de prendre la fuite. Il a depuis de longs mois préparé le terrain et créé un climat de méfiance entre ses collaborateurs. Diviser pour mieux régner, vous connaissez ?

Je mets tout de suite un terme à notre collaboration, tant pis pour les autres. Mais je me jure de ne pas en rester là. Dans mon malheur, j'ai la surprise de découvrir un mot dans ma messagerie Invitation Facebook. J'apprends qu'un certain V. dit s'être fait arnaquer par ce « producteur » quelques mois auparavant et qu'il est loin d'être le seul. Je rejoins un groupe de discussion et me voilà nez à nez avec huit victimes présumées de ce pirate des temps modernes.

Ce groupe virtuel va être mon repère et mon tremplin vers la quête de la justice. Bien au-delà de ma cause personnelle, je dois arrêter ce grossier personnage avant qu'il ne fasse d'autres victimes. Je prends rendez-vous chez Maître G., avocate renommée dans le droit du travail et dans les affaires aux prud'hommes. Dès la première main courante, je reçois des tentatives d'intimidation, des insultes et des menaces dans ma boîte aux lettres.

Maître G. et moi-même nous lançons pour deux ans de procédures éprouvantes. Accompagnée par mon avocate humaine et accessible, je me sens en confiance. Les mois passent, notre travail de récolte de preuves et témoignages est incommensurable. Heureusement, j'ai eu le réflexe de tout conserver (mails, messages Whatsapp...) ! Lorsque nous sommes fin prêtes, arrive le jour de l'audience au tribunal de commerce de Montpellier. À la barre, mon avocate n'est pas là uniquement pour me représenter, elle défend une autre victime du « producteur ». Les minutes passent, c'est bientôt au tour de notre dossier. Je regarde chaque seconde en direction de l'entrée, rien, tchi, nada. Jamais le truand ne passera cette grosse porte bleue.

« Maître X vous représentez votre client, le président de la société 5BP [...]. Qu'avez-vous à dire pour la défense de votre client ?

— Mon client ? Monsieur le juge, je tenais à vous dire que je me suis présenté ici pour faire honneur à mes fonctions. Sachez, Monsieur le juge, que Monsieur B. a disparu de la circulation depuis plus d'un an maintenant et qu'il me doit plus de 10 000 euros d'honoraires qu'il ne m'a jamais réglés ! »

Coup de théâtre au tribunal. L'avocat de l'accusé venait de nous avouer s'être lui-même fait arnaquer. C'est l'apothéose ! Je ne peux m'empêcher de rire nerveusement. Le verdict tombe, je gagne haut la main mon procès, Monsieur B. est recherché dans toute la France, il aurait des dizaines de procès au derrière. J'ai gagné ! Je reçois les fonds accordés par le jugement grâce à une mesure particulière qui protège les salariés en France, soulagée d'obtenir gain de cause, mais écœurée que le coupable ne paie pas lui-même pour ses fautes.

Je suis toutefois heureuse quand le juge m'explique que cet individu ne pourra plus exercer en France ni remettre un pied sur le territoire sans se faire arrêter immédiatement.

Je comprends à cette époque que lorsqu'on se fait avoir, il ne faut pas laisser la situation impunie. Il faut se battre, ne pas lâcher l'affaire. Bien qu'on ne puisse pas toujours faire appel à la justice et que cette dernière ne soit pas toujours très juste… je voulais vous dire que, parfois, il existe des happy ends à la barre.

> ET VOUS, AVEZ-VOUS RÉUSSI, FACE À DES SITUATIONS INJUSTES, À VOUS BATTRE POUR OBTENIR RÉPARATION (MÊME SANS ALLER AU TRIBUNAL) ? C'EST RAREMENT UNE CHOSE FACILE, ET CELA DEMANDE DU COURAGE, MAIS C'EST PARFOIS NÉCESSAIRE.

Il faut se battre, ne pas lâcher l'affaire

UNE EMPATHIE TROP DÉVELOPPÉE ?

J'ai bien retenu la leçon, je ne me laisserai plus jamais avoir !
Ou pas. Malheureusement, cette expérience va se répéter de nombreuses fois. Mon empathie, que j'ai tellement développée dans l'enfance, va devenir un énorme frein à l'âge adulte. Je fais confiance trop facilement et je veux toujours laisser le bénéfice du doute à la personne que j'ai en face de moi.
J'étais aussi facilement manipulable et j'attirais les personnes toxiques autant dans la sphère pro que dans la sphère privée !

> VOUS ÊTES-VOUS PARFOIS FAIT MARCHER SUR LES PIEDS À CAUSE DE VOTRE EMPATHIE OU DE VOTRE GENTILLESSE, DE VOTRE CAPACITÉ À VOIR LE BON EN CHACUN ?

L'ARRIVÉE DANS UN MONDE DE REQUINS : LA MUSIQUE

Parmi les pires arnaques, celles que j'ai connues dans le monde de la musique détiennent probablement la palme.
Premièrement, je commence par y dépenser une fortune. En 2020, alors que mes réseaux sociaux marchent bien et que j'ai lancé ma formation en ligne, je suis contactée en message privé par un manager, ex-chanteur ayant connu un franc succès dans les années 2000. Il m'explique avoir un projet de compilation avec différents influenceurs comme chanteurs. Je trouve l'idée sympa, et puis je n'ai jamais vécu l'expérience du studio ni celle de la création d'un morceau. Je saisis l'occasion de vivre un kif : je suis curieuse, ouverte, j'aime apprendre, go ! c'est parti pour un nouveau projet !
Et je déchante vite, dès le début. Le producteur qui finance ce projet ne tient pas la route, et je comprends que je vais devoir me produire moi-même. Je prends le taureau par les cornes – après tout, je ne suis pas plus bête qu'une autre : je fais mes propres recherches, débloque des fonds, trouve une avocate spécialisée en droit de la musique et droit d'auteur... Et tadam ! trois mois plus tard, j'ai créé mon propre label ! Bien sûr, tout ça me coûte de l'argent. Et ce n'est que le début.
Je découvre petit à petit que la musique est un milieu impitoyable. Un nombre incalculable de requins gravitent autour des jeunes artistes, attirés par l'argent qu'il y a potentiellement à se faire. D'autant que les jeunes artistes sont prêts à tout ou presque pour voir leur rêve se réaliser. De mon côté, même si la musique n'est pas

mon rêve, je veux quand même que mon morceau marche. Je choisis un premier consultant pour m'aider à naviguer dans ce nouveau monde.
Malheureusement pour mon porte-monnaie, ses conseils consistent surtout à me faire payer, et payer encore : 6 000 euros pour être relayée par un influenceur suisse ; puis 1 500 euros pour des campagnes d'influenceurs sur TikTok ; puis 1 500 euros pour une promotion en club ; puis 2 000 euros en communication. Puis viennent les conseils sur la direction artistique. Les vidéastes imposés pour le clip. L'attaché de presse, les newsletters, les promoteurs radios, les campagnes Youtube. C'est de la communication, je sais que ça coûte cher, j'accepte les règles du jeu.

Mon empathie va devenir un énorme frein

Ce qui me chagrine le plus, c'est qu'entre l'arrangement que j'avais fait en studio et l'arrangement final, je ne reconnais même plus mon morceau. Je suis choquée, ce que j'avais créé et imaginé s'est totalement perdu en route. « Mais tu comprends, Alice, il faut faire quelque chose qui marche en ce moment. » Le morceau finit par faire des vues, passe sur quelques radios, mais à quel prix ?
Avec le recul, je découvre que si l'on veut réellement fonctionner en tant qu'artiste, il faut bien souvent renoncer à son intégrité artistique et à ses économies. Cette première expérience me laisse un goût amer.
J'ai tout de même la chance de signer chez Believe, une maison de disques reconnue. Je vais y produire tous mes morceaux, mais finirai par arrêter rapidement, dégoûtée par ce qui va suivre, et notamment cette prochaine arnaque. Là, on est sur de l'entourloupe de première qualité !

25 000 EUROS PARTENT EN FUMÉE

Un jeune homme, petit prodige d'Internet, me contacte un jour avec ce discours : « Alice, ce que tu fais est génial, j'ai les moyens de te rendre autosuffisante si tu le souhaites. Je peux te créer un business à côté qui pourra financer ta musique. » Nous l'appellerons M.

En bonne entrepreneuse qui fourmille d'idées et adore l'innovation, je suis intriguée. Je vais rencontrer M. avec mon conjoint dans le Nord de la France et il nous reçoit dans un grand entrepôt dans lequel il emmagasine des stocks et travaille avec ses employés. Il est « spécialiste », dit-il, du e-commerce et m'explique qu'il peut me créer une marque d'accessoires de beauté et s'occuper des stocks, du branding et de la logistique. Il prendra ensuite une marge sur les bénéfices et me reversera le reste. Selon lui, ce système cartonne avec d'autres personnalités et cela me permettra de générer des revenus qui pourront combler les dépenses de la musique. Un système d'autofinancement : génial ! C'est lancé, nous en discutons avec mon avocate, mon conjoint, tout le monde trouve le projet cohérent. Je lui fais le premier virement de 25 000 euros pour qu'il ait de quoi payer ses équipes, créer le site Internet et acheter le stock.

Et... silence. Le type disparaît dans la nature. Tout le monde n'y avait vu que du feu. Nous n'aurons plus jamais aucune nouvelle. Je viens tout simplement de perdre 25 000 euros ! C'est d'abord l'incompréhension, j'ai du mal à y croire. En en parlant autour de moi, une amie m'apprend qu'elle avait eu affaire à lui et qu'elle aurait pu m'avertir. Aïe, mon ego en prend à nouveau un coup. Je me sens tellement conne. Et si j'avais creusé plus, et si j'avais mené plus longtemps mon enquête, et si, et si... j'aurais pu éviter ça : une idiote. Pourtant j'étais sûre d'être protégée, contrat en bonne et due forme, échange entre mon avocate et son comptable, équipe charmante, entrepôts existants, ordinateurs et chiffres réels sur le tableau de bord... Un mystère. Un cauchemar.

Cerise sur le gâteau, mon amie qui connaît ce petit génie d'une expérience passée, m'explique que le type est connu de tous les YoutubeGame, c'est un gros gros hacker capable de se venger en piratant tous mes comptes, mes boîtes mails, mes réseaux sociaux... Tout ce que j'ai créé jusqu'à présent... Je suis dévastée, il sera impossible de l'attaquer. Je m'en veux. J'ai déjà dépensé environ 90 000 euros dans la musique et viennent s'ajouter ces 25 000 euros qui partent en fumée. C'est un énorme coup dur et j'ai beaucoup de mal à le digérer. Mais je fais ce que je sais faire de mieux, je mobilise mes forces et vais de l'avant.

Jusqu'à ce que, quelques mois plus tard...

LA SÉRIE CONTINUE

Après l'affaire des 25 000 euros, mon manager me propose de réaliser un projet de court-métrage sur les violences conjugales en parallèle de la musique. J'aime l'idée, cela peut donner de la lumière à cette cause que j'affectionne tant. Je suis déjà engagée dans une association de lutte contre les violences conjugales, allons-y gaiement ! Mon manager me présente alors un certain L.S., « producteur » lui aussi, qui a, dit-il, un pied dans le cinéma. Il est certain qu'il pourra réaliser un chef-d'œuvre et le faire entrer en festival.

Une nouvelle fois, je me lance dans l'aventure à 100 %. Comme j'ai de l'argent, je vais financer le projet à hauteur de 40 000 euros, mais aussi payer les billets d'avion d'un grand réalisateur de films qui habite aux États-Unis. Durant ce tournage rien n'ira comme je l'avais imaginé. Je devrais trouver moi-même un acteur principal en dernière minute, louer des camions, m'occuper du logement...

Mais le pire arrive quand on tourne la scène finale. Vous voulez savoir la définition de « ne pas avoir de chance » ? À l'instant même où le réalisateur crie « coupez ! », l'acteur principal reçoit des dizaines d'appels : « On parle de toi partout sur Twitter, il y a carrément un sujet à *TPMP* ! »

Pardon ? Qu'est-ce que c'est encore que cette histoire ? L'un des personnages principaux de mon film est accusé en direct à la TV d'agression sexuelle sur mineur. Je ne suis même plus triste, juste complètement choquée. Quelques mois plus tard, il sera innocenté. Il n'en reste pas moins qu'à cause de cette nouvelle, et bien évidemment pour des raisons d'éthique, je dois immédiatement mettre ce projet sur « pause ».

En parallèle de cet échec et pour me « mettre sur autre chose en attendant », L.S., le « producteur de film », me propose que l'on s'associe pour monter une boîte

Une nouvelle fois, je me lance dans l'aventure à 100 %

de communication en Suisse avec deux de ses amis. Il organise une réunion pour nous demander d'investir avec lui. Pour votre culture personnelle, ouvrir une SAS en Suisse nécessite de pouvoir investir 100 000 euros. D'où l'intérêt de trouver des associés. Je lui avance alors 15 000 euros pour l'occasion. Je suis touchée par son discours, il dit avoir des problèmes personnels. Encore une fois mon empathie me joue des tours. En échange de ce prêt, il me rédige une reconnaissance de dette que je fais constater par huissier. Cette fois-ci je suis fière de moi, j'ai retenu la leçon, je fais les choses directement devant autorités compétentes. Sauf que, ironie du sort, j'apprends après cela que son ex-femme l'accuse de... violences conjugales ! Le projet d'entreprise en Suisse doit être interrompu car ses comptes sont gelés. Le comble ! Lui qui était si investi sur le tournage du film...

LÀ, ÇA FAIT BEAUCOUP

Attendez, ce n'est pas terminé ! Peu de temps après cette nouvelle, il me dit s'en vouloir de ne pas avoir pu m'aider avec le court-métrage, ni de pouvoir me rembourser pour l'instant à cause de son affaire en droit de la famille. Il me propose alors de monter à Paris pour réaliser un morceau féministe qui s'appellera *Madame,* en featuring avec une superstar de la chanson en Afrique. Vous commencez à connaître la chanson : je vais tout financer, transport, hôtel de luxe, caprices de star, studio, mixmaster, clip... Je trouve le rendu génial, tout est prêt pour le lancement.
Et là, *roulement de tambours...* tout se passe à la perfection !
Non. Évidemment que non. Arrive une des situations les plus improbables que j'ai eu à vivre de toute mon existence. Alors qu'on réfléchit à la stratégie de sortie du morceau, cette chanteuse va être arrêtée en plein live Facebook devant ses abonnés pour... un vol de frigo ! Tout ce que je vous raconte a été diffusé dans tous les JT du Sénégal au Nigeria. J'annule tout. C'est dément, je suis une femme maudite. Encore 20 000 euros à la poubelle.
À la suite de son procès, L.S., le « producteur de films », va se voir délivrer une interdiction de rentrer sur le territoire français. Le projet de court-métrage tombe à l'eau, *bye* les 40 000 euros, la société suisse aussi, il s'échappe aux États-Unis et je n'ai plus de son ni d'images. Chaque semaine qui passe, je vois mes 15 000 euros s'éloigner de plus en plus. Je les attends toujours aujourd'hui.

J'ARRÊTE DE M'ACHARNER

Toutes ces histoires ne sont que de petits échantillons de ce qu'il s'est passé pour moi de 2017 à 2022, il y aura encore des tas d'autres récits dignes de scénarios de science-fiction: un dérapage sur le tournage d'un autre de mes clips, où l'une de mes amies figurantes échappera à une tentative d'attouchements non consentis de la part du manager de l'artiste avec qui j'étais censée chanter – elle réagira à temps, heureusement ; un couple de tiktokeurs avec qui je devais sortir un morceau qui se verra embourbé dans un scandale médiatisé sur les réseaux sociaux ; la découverte que mon ancien consultant fanfaronne devant ses nouveaux associés en leur racontant fièrement comment il a «margé 30 k€ sur AliceCatDesigner» lors de la première promotion de son morceau.

Cette fois-ci, la petite Alice a beau avoir beaucoup de résilience, du courage et une grande force en elle, elle est à bout de souffle. Oui, je suis essoufflée, à la fois financièrement et psychologiquement. À trop vouloir être un roc, croire en le bon dans chacun des humains, penser que la bienveillance domine toujours, au-dessus de la médisance, je me suis perdue.

REBONDIR

Je finis presque par devenir superstitieuse. Je pense avoir un mauvais œil, un sort ou une malédiction.
Comment rebondir après tout cela ? Heureusement pour moi, je n'ai pas tout misé sur un seul projet ou un seul client, sur la musique ou sur le cinéma pour réussir. Ces projets étaient des à-côtés. Mon métier à moi, celui dans lequel j'excelle, je l'ai toujours gardé bien au chaud. La communication, le digital, constituent ma zone de confort et ma « zone de génie ». J'ai toujours ressenti un immense plaisir à me sentir utile pour mes clients. C'est grâce à l'un d'eux que je vais enfin me remettre sur la bonne voie et sortir de cette phase de loose.
« Alice, c'est mignon ce que vous faites dans la musique, dans vos projets. Mais écoutez-moi bien, ça fait plus de trente ans que je suis dans le business. Je suis un homme visionnaire. Je vous le dis : ce n'est pas dans la musique que vous excellerez. Vous êtes née leader, née pour transmettre, pour donner des conseils et accompagner les autres. Votre point fort, c'est votre pédagogie, votre capacité à fédérer. Vous êtes une experte de la communication, Alice, une passionnée de digital, mordue de scène, pas comme artiste mais bien comme conférencière. »
Un éclair me foudroie en entendant ces mots. Lui qui avait toujours été distant, communiquant avec moi par interlocuteurs interposés... Ses paroles me transpercent tout le corps. Elles viennent d'un entrepreneur multimillionnaire n'ayant plus rien à prouver à quiconque, l'un des hommes que je respecte le plus dans mon entourage !
OK, cette fois, Alice, fini les conneries. J'écoute ma raison. Jusqu'à présent toutes les personnes que j'ai rencontrées dans la musique m'ont fait miroiter des mirages. Je ne leur en veux pas, au fond, ce milieu est impitoyable. Des *beatmakers* qui cherchent à survivre, de jeunes artistes qui rêvent d'irréel et finiront déchus et endettés. Des auteurs qui attendent toujours leur heure de gloire. L'industrie du disque est morte, les streams ont brisé le marché. Pourquoi m'entêter ?
Je me focusse à mort sur ce pour quoi je suis faite, ce pour quoi j'ai étudié, ce pour quoi j'avais à l'origine décidé de me lancer et de rejoindre les réseaux sociaux. Et comme par féérie, en quelques semaines, je vois toutes les portes s'ouvrir les unes après les autres. Je me vois accepter des missions hyper challengeantes, je reçois de la reconnaissance, je collabore avec des gens « sains ». Je ressens cette période de changement radical comme aurait pu le ressentir un taureau en fin de corrida. Une tauromachie où la bête vulnérable aurait donné son dernier élan de force, puisé en son cœur, pour brandir le coup ultime et mettre à terre le toréador.

Je me focusse sur ce pour quoi je suis faite, et soudain toutes les portes s'ouvrent

Cette accalmie, je la chéris, je l'embrasse. J'ai l'impression qu'une foule me tend en offrande les lauriers de mon courage. Je me sens protégée, guidée, il se passe en moi quelque chose de l'ordre du vibratoire, de l'impalpable. La justice du destin aurait-elle décidé de venir enfin frapper à ma porte ? Un ange a-t-il été commandité pour m'apporter sur un plateau les recettes de mes investissements émotionnels ?
C'est comme si le bon décidait de s'imposer de lui-même (ça fait un peu trop messe du dimanche ce que je dis là, non ?) Est-ce la loi de l'attraction ? Le karma ? L'Univers ? Dieu ? La magie ? Je ne le saurai jamais.

S'EN SORTIR QUAND TOUT TOMBE À L'EAU

Même si je le tourne à la dérision, tous ces événements m'ont beaucoup impactée et freinée. Ils m'ont fait peur et j'ai eu souvent le sentiment de perdre pied complètement. C'était un cocktail d'émotions douloureuses : la peine, le désarroi, la désillusion qui frappent de plein fouet. Également la peur, face à de grosses pertes d'argent. Comment vais-je rebondir le mois prochain ? Tout s'effondrait, avec en prime un sentiment de trahison qui ne me lâchait pas.
Quand les émotions se sont calmées, je me suis rendu compte que j'étais face à une remise en question forcée. Ce qui m'a aidée, c'est de voir que tous les entrepreneurs que je connais se sont cassé la gueule au moins une fois. Il n'y a qu'à voir le parcours de Ray Kroc, cet homme ambitieux qui en 1961 décida de racheter la petite marque à peine célèbre : McDonald's. Qu'on aime ou non ses méthodes, celui qu'on appelait « le fondateur » (je vous conseille de visionner ce film du même nom !), bien qu'ayant essuyé un monceau d'échecs, réussit à devenir l'un des plus gros propriétaires fonciers du monde à plus de 50 ans et fit de McDo l'une des plus grosses entreprises du globe. Où réside la force ? Dans la résilience puisée profondément et appliquée notamment dans le travail.

Où réside la force ? Dans la résilience profonde appliquée notamment dans le travail

ON NE CHOISIT PAS CE QUE L'ON VIT, MAIS ON CHOISIT SA FAÇON D'Y RÉAGIR

Gardez en tête que lorsque la douleur et l'épreuve vous tombent dessus, vos émotions, votre cerveau, sont incapables de sortir du tourbillon de pensées négatives qui virevoltent dans votre esprit. Pourtant, vous êtes en capacité d'accorder ou non l'autorisation à ces pensées de vous détruire davantage. Les stoïciens le disent, les grands entrepreneurs aussi, quand le mal et l'échec nous enlisent, la seule chose que l'on peut encore contrôler, c'est notre façon de percevoir cette épreuve. Devenir le roi du stoïcisme ne se construit pas en un jour, bien entendu, mais il est de bon augure de garder en tête que nous avons le pouvoir de changer notre prisme face à l'épreuve.

« J'ai perdu mon travail, que vais-je devenir ? » pourrait se transformer en : « OK, je ne m'y attendais pas, mais j'ai déjà connu telle épreuve, celle-ci et encore celle-là, pourtant je suis encore debout. Et si je listais toutes les pistes que je pourrais suivre pour changer ma situation ? Et si je visualisais toutes les capacités qui sont en moi ? Je sais rédiger tel type de contrat, je sais maîtriser tel logiciel, je parle telle langue... Je suis finalement capable de m'en sortir, je le sais, je le sens, je le dois. »

> C'EST LE MOMENT DE VOUS TRANSFORMER EN GRAND STOÏCIEN ET DE RÉEXAMINER VOTRE VIE. LESQUELLES DE VOS DIFFICULTÉS ET ÉPREUVES ACTUELLES PEUVENT FINALEMENT ÊTRE VUES COMME DES OCCASIONS DE VOUS RÉINVENTER ?

RIEN N'ARRIVE PAR HASARD

Est-ce que se planter génère un sentiment de honte ? Bien entendu. Se sent-on coupable, a-t-on de la colère envers soi-même : c'est certain. Néanmoins, j'ai toujours eu l'intime conviction que les épreuves de la vie n'arrivaient jamais par hasard. Chaque chose, comme dans l'équilibre de la vie sur terre, avait un sens et son contraire. Si tout avait du sens, peut-être allait-ce me servir. D'ailleurs, je suis là aujourd'hui en train d'en parler dans un livre, et d'aider, je l'espère, plusieurs personnes !

Je ne sais pas, au fond, s'il faut dire qu'une bonne gamelle est une condition obligatoire pour atteindre le succès. Ce qui est sûr, en revanche, c'est que le fait de tomber plus bas que terre nous fait parfois remonter six marches au-dessus de là où on se trouvait. C'est ainsi que je l'ai vécu.

En me forçant à l'exercice de la remise en question, je crois que j'ai développé mon expertise de sculptrice hors pair. Une à une, chaque épreuve, à sa manière, a forgé, centimètre par centimètre, la femme que je suis aujourd'hui. Grâce à ces difficultés, j'ai tiré dix leçons de vie, mes dix commandements. Ma règle du jeu à moi, que je respecte quoi qu'il arrive.

“Poser des limites, c’est gagner en puissance.”

MES 10 COMMANDEMENTS POUR ÉVITER LES ARNAQUES

1 | ÉCOUTER SON INTUITION

Avec le recul, je vois que c'est vrai pour chacune des situations. J'avais senti, au fond de moi, qu'il ne fallait pas que je le fasse. Désormais, c'est gravé dans le marbre : je suivrai mon intuition quoi qu'il arrive.

2 | NE PAS VOIR UN PROJET QUI AVORTE COMME UN ÉCHEC

C'est un aiguillage de train, un changement de direction, ou encore une nouvelle porte qui s'ouvre. Mais ce n'est pas une perte de temps. Quand on voit les choses comme ça, on n'a plus peur de tester et de se lancer.

3 | SE FAIRE CONFIANCE

Je dois arrêter de donner d'emblée ma confiance à des personnes qui essayent de l'obtenir en se disant expertes. Je ne veux plus me cacher derrière leur charisme, leur expérience, en pensant que je n'ai pas mon mot à dire. Ce sont souvent ces personnes qui vont me trahir ou me la faire à l'envers. Je suis capable par moi-même, en apprenant et en persévérant.

4 | QUAND CE N'EST PAS JUSTE, IL FAUT SE BATTRE

Je crois que tout finit par rentrer dans l'ordre. Je ne sais pas si on peut appeler ça « le karma », mais toutes les fois où on a essayé de m'avoir, il y a eu un rééquilibrage. Il faut continuer à y croire. Des corps de métiers existent pour vous aider à vous battre ! Médiateurs, avocats en droit du travail, huissiers... N'attendez pas pour les solliciter.

5 | SE RENSEIGNER SUR LES GENS

J'ai appris après coup que j'avais à ma disposition des informations précieuses concernant toutes les personnes qui m'avaient arnaquée, et que j'aurais pu être en mesure de faire les bons choix. Sauf que je n'étais pas allée les chercher. J'étais restée dans une relation *one-one* au lieu d'ouvrir mes questions à un entourage plus large. J'aurais dû creuser, aller poser des questions avant de me lancer corps et âme dans des collaborations.

6 | POSER DES LIMITES DÈS LE DÉBUT

Désormais, je dis stop dès que je vois ou ressens un manque de respect vis-à-vis de mes compétences ou de mon intégrité. Je n'attends plus que la situation se répète, je pose des bases saines dès le début. Je ne peux pas être l'infirmière ou le petit esclave de tout le monde. Je suis suffisamment méritante sans avoir à le faire, telle que je suis.

7 | LÂCHER PRISE LORSQUE C'EST NÉCESSAIRE

Quand on a beaucoup investi dans un projet, que ce soit en termes de temps, d'énergie ou d'argent, on ne veut pas lâcher. C'est une réaction normale, mais il faut réussir à le faire. Persister dans quelque chose qui est toxique ou bancal revient juste à perdre son temps. Ça ne fait que repousser le problème sans le régler.

8 | RECONNAÎTRE SA VALEUR

Fixer ou accepter des prix trop bas, c'est aussi se faire arnaquer. Ce commandement, j'ai mis du temps à l'intégrer. Merde, ce que je fais a de la valeur et mérite un salaire ! Je ne m'excuse plus de vouloir être payée et de fixer mes tarifs. J'ai de réelles compétences, une réelle expertise, et pour cela je mérite d'être rémunérée à ma juste valeur.

9 | TROUVER SA TEAM

Il ne s'agit pas forcément de trouver une équipe mais plutôt de définir les piliers sur lesquels on va pouvoir compter. Le temps permet de savoir qui ils sont. Ils ne sont pas forcément liés à notre activité professionnelle, l'une de mes amies, par exemple, n'a ni Facebook ni Instagram, et ses conseils sont pourtant hyper précieux ! Trouver ses allié·e·s rend indestructible. Ils ou elles nous rendent plus fort·e·s, plus lucides et nous permettent de garder les pieds sur terre.

10 | SAVOIR QUAND IL N'EST PLUS TEMPS DE SE BATTRE

Il faut parfois apprendre à perdre. Je tiens ce conseil de mon mentor, après une association ratée avec une amie proche. Cette expérience avait été très douloureuse pour moi. Il m'avait dit : « Plutôt que dépenser ton énergie à essayer de récupérer ce que tu as perdu ou à prouver que tu as raison, prend ce qu'il te reste et garde tes forces pour ce que tu construiras ensuite. » Dès lors que j'ai écouté son conseil, j'ai doublé puis triplé mes revenus. Parfois, vouloir à tout prix récupérer son argent sera encore plus délétère, dévastateur et coûteux en énergie que tourner la page. J'ai ignoré les piques et les attaques de mon ancienne associée, je me suis concentrée sur le futur et j'ai arrêté de ressasser le passé. Et qu'est-ce que j'ai bien fait !

L'ÉCLAIRAGE DE Yannick Alain

Entrepreneur et formateur, auteur du livre
Les gentils aussi méritent de réussir *(Alisio, 2021)*
@yannick.alain

Trois clés pour faire face aux arnaques et ne plus confondre gentillesse et manque d'affirmation.

1 . Redéfinir la gentillesse

Il est important de redéfinir cette valeur car elle est un fabuleux mot refuge pour se trouver des excuses : « trop bon, trop con », « je n'ai pas réussi parce que je suis trop gentil »... Ce qu'il faut comprendre, c'est que la gentillesse n'a rien à voir avec nos peurs, nos croyances limitantes ou notre manque d'estime de nous-mêmes. Elle ne doit absolument pas être confondue avec le manque d'affirmation de soi. La vraie gentillesse est pour moi un juste équilibre entre un élan du cœur pour l'autre et le respect de soi.

D'ailleurs, nous avons souvent tendance à penser que la gentillesse se diffuse de soi vers l'extérieur, alors qu'elle se diffuse également à l'intérieur de nous-même. Être gentil·le, cela veut parfois dire l'être avec soi, en affirmant ses limites et en apprenant à dire non aux autres, pour mieux se dire oui.

2. Ne pas tomber dans l'amertume

Attention également à l'amertume dans laquelle on peut tomber quand on a la sensation de se faire tromper ou abuser. Il est nécessaire de trouver un équilibre juste entre ne plus jamais faire confiance et dire oui à tout. J'aime beaucoup la phrase « crois en tout le monde mais ne compte sur personne », car elle me permet de toujours être ouvert aux autres tout en lâchant prise sur les attentes que je pourrais nourrir.

Avoir le sentiment de s'être fait avoir, finalement, ce n'est pas si grave. Il y aura toujours des gens malhonnêtes difficiles à détecter car ils seront doués pour duper notre jugement et notre confiance et, souvent, ce n'est même pas intentionnel. L'important, c'est d'être au clair avec soi et de rendre service pour les bonnes raisons (voir ci-dessous). On sera déçu·e parfois, et c'est OK. On s'en voudra d'avoir fait confiance, et c'est OK.

Dites-vous qu'il y a un pendant positif à toute chose négative ou perçue comme désagréable, même si la sensation d'avoir été trahi·e est évidemment douloureuse. Ce sont des expériences qui nous feront avancer dans tous les cas.

3. Faire les choses en conscience

Si de l'amertume est ressentie, il est probable que l'acte de départ n'ait pas été si altruiste que ça et qu'il cachait peut-être une attente. Quand on se fait avoir, la meilleure manière de s'en sortir est de se poser des questions sincères et honnêtes et de s'octroyer un tout petit peu d'autodérision et de compassion. Pour quelle raison ai-je rendu ce service ? Était-ce réellement gratuit ou y avait-il un intérêt émotionnel ? Avais-je besoin de la validation de cette personne, besoin d'être apprécié, de me faire mousser peut-être ? Faire quelque chose pour quelqu'un peut aussi être une manière de prendre le contrôle ou de générer chez l'autre un sentiment de dette. Cela ne veut pas dire que nous sommes mauvais·e, le tout est simplement d'être conscient·e de ces mécanismes : nous sommes des humains et nous avons tous nos zones d'ombre. Acceptons-les et soyons doux avec elles.

Pour être sûr que l'on est dans le don et non dans la transaction, j'aime l'idée d'être prêt·e à perdre ce qu'on a donné. En gros, si vous prêtez de l'argent à un·e ami·e, dites-vous qu'il est perdu.

Un acte de gentillesse, par essence, est désintéressé et doit pouvoir être oublié. À nous de décider avec qui nous avons réellement envie d'être gentil·le et qui mérite notre gentillesse.

EXO 1

C'EST À VOUS !

Une projection dans le futur afin de trouver des ressources et des solutions

Quand est confronté·e à un coup dur, la situation peut nous paraître désespérée ou insurmontable. Pourtant, elle l'est rarement.

Pour vous le prouver, je vous propose un voyage dans le temps. Attachez votre ceinture, on part ! Direction : votre futur. Vous voilà projeté·e quelques mois/années plus tard, la situation difficile à laquelle vous êtes peut-être en train de faire face est loin derrière vous, et les problèmes qui vous semblaient insurmontables aussi. Prenez le temps de visualiser et de ressentir : Comment vous voyez-vous ? Qu'êtes-vous en train de faire ? Que ressentez-vous ? Laissez les sensations prendre le plus de place possible dans votre corps. Vous pouvez ajouter autant de détails que vous le souhaitez.

Maintenant, remontez un peu en arrière : quelles étapes vont ont mené·e à cet état de bien-être ? Qu'est-ce que votre vous du futur a mis en place pour vous sortir d'affaire ? À qui a-t-il parlé ? Qu'a-t-il fait ? Laissez venir tout ce qui vous passe par la tête, et prenez-le en note quand vous sortirez de la visualisation. Il y aura sûrement quelques pépites là-dedans !

En fait, ça n'a rien de magique : en procédant ainsi, vous calmez tout votre système et vous lui permettez de partir à la recherche de solutions plutôt que de rester coincé dans une tempête émotionnelle. Vous avez toutes les clés et toutes les ressources en vous, il suffit d'y voir clair pour s'en rendre compte.

EXO 2

Une auto-prière pour se faire justice

Certaines épreuves ne peuvent malheureusement pas trouver une issue judiciaire favorable. Parfois on pense porter plainte trop tard, parfois les preuves et les témoignages réunis ne sont pas suffisants, et, parfois, nous n'avons tout simplement pas la force de lutter contre cette situation qui nous dévaste.
Comment semer la paix dans son esprit pour éviter de sombrer dans les remords et les regrets ? Je vous propose de faire cet exercice de « l'auto-prière » pour soigner son âme et son ego. Remplissez d'abord cette prière qui vous sera adressée. Une fois complétée, lisez-la face à un miroir.

Cher/Chère ....(votre prénom),
Il y a .... jours/mois/années, t'est arrivée l'épreuve/te sont arrivées les épreuves suivante(s) : ....
....
Face à cette dramatique situation, tu as perdu ....
...., et les répercussions ont été que ....
....
Je sais que je t'en veux. J'en veux à ce moi qui à l'époque n'a pas su voir/anticiper/empêcher la situation. Aujourd'hui, bien que j'essaye de faire avec, il m'arrive régulièrement d'y penser et de ressentir ....
....
....
Si je t'écris, c'est que je veux réussir à changer mon regard sur ces souvenirs douloureux. Je sais au fond que je ne suis pas coupable/responsable/ne peux rien changer. Je t'écris parce que je veux pardonner à (personnes qui nous ont arnaqué·es/ont profité de nous) ....
....
....
Je comprends leurs agissements (bien que ça n'excuse rien) :
....
....
Je suis aujourd'hui plus grand·e, plus expérimenté·e, je ne peux pas remonter le temps, mais je décide ici et maintenant de changer demain. Car moi aussi je mérite de réussir, et d'être heureux·se.

EXO 3

Le test de vulnérabilité

Cochez les cases qui vous correspondent :

☐ Vous pensez faire partie des personnes ayant un terrain psychologique avec blessure narcissique / blessure de l'abandon / peur du rejet / besoin de reconnaissance.

☐ Vous avez connu des adultes toxiques/manipulateurs dans votre enfance.

☐ Vous avez manqué d'un parent ou d'un référent.

☐ Vous n'écoutez pas votre intuition et souvent vous foncez quand même.

☐ Vous aimez rêver et vous lancer dans les projets à corps perdu.

☐ Vous avez tendance à vous dévaloriser et laisser l'autre prendre plus de place.

☐ Vous n'avez pas confiance en vos capacités.

☐ Vous avez tendance à penser que les autres sont mieux ou font mieux les choses que vous.

☐ Vous demandez rarement de l'aide et ne vous plaignez pas.

☐ Vous êtes particulièrement dur·e avec vous-même.

Si vous avez répondu plus de cinq fois « oui » à l'une de ces phrases, soyez doublement vigilant·e : plus vous aurez de points, plus vous pourrez être susceptible de vous laisser manipuler par une personne toxique.

Voici quelques conseils pour être préparé·e :

1. Ne donnez jamais de réponse sans avoir demandé une période de réflexion.
2. Renseignez-vous sur les gens.
3. Écoutez votre intuition.
4. Soyez vigilant·e si la personne vous caresse dans le sens du poil.
5. Veillez à ne pas vous dévoiler trop vite.
7. Écrivez votre première impression pour ne pas l'oublier.
8. Gardez à l'esprit vos grandes valeurs pour ne pas vous faire rattraper par l'élan de la situation.

EXO 4

Les mots de votre futur

Voici un dessin à remplir des mots que vous manifestez pour vous et votre avenir professionnel. Mettez l'ensemble des mots qui vous viennent, même ceux que vous ne vous autorisez pas habituellement (gloire, succès, réussite, prudence, clairvoyance...). Créez votre bouclier symbolique pour éviter à l'avenir ceux qui tentent de profiter de vous.

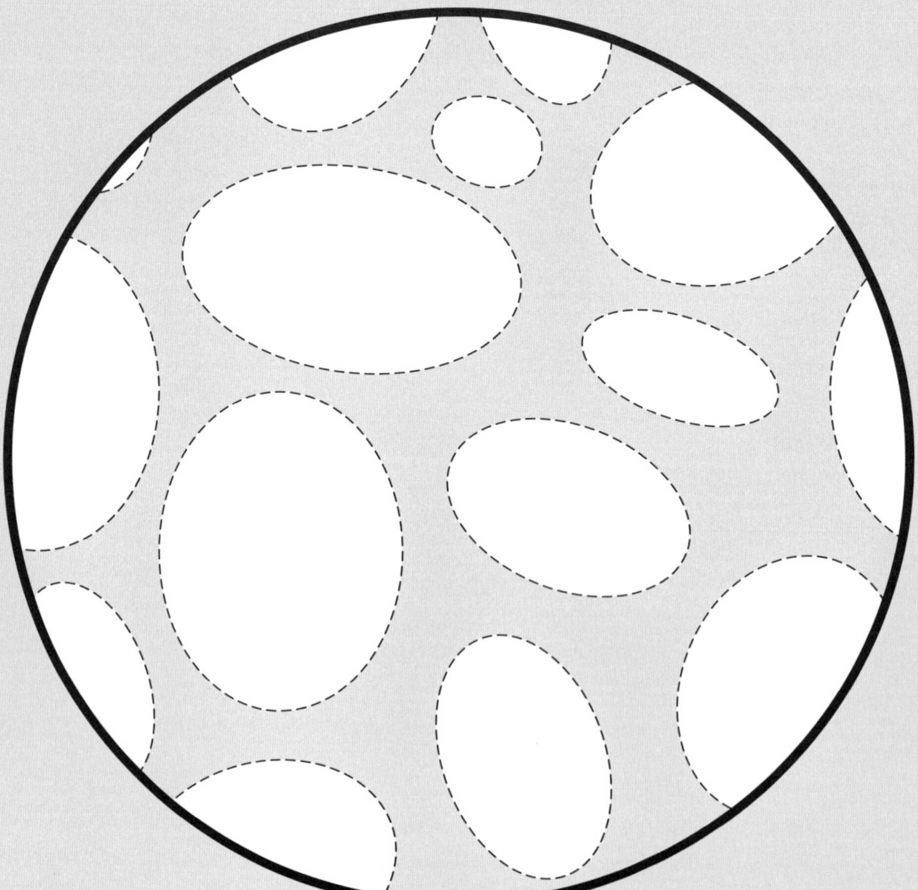

RELEVEZ LE DÉFI EN VRAI #6

Rendez-vous sur mon compte Instagram **www.instagram.com/alicecatdesigner** dans la story à la une : « Solide ».

Faites un screen de ce visuel et faites la liste des verbes qui expriment ce que vous vous souhaitez à la suite à cette épreuve pour avancer. N'hésitez pas à partager vos réponses dans votre story.

N'oubliez pas de taguer **@alicecatdesigner** si vous souhaitez que je repartage votre capacité à pardonner ! Cela viendra marquer d'une pierre blanche votre nouvelle étape vers votre nouveau vous !

Je pardonne pour :
(trouvez les verbes qui vous permettront de passer outre cette trahison, déception, arnaque)

....

....

....

....

....

....

Faire de la moula, qui n'en rêve pas ? On a beau se raconter tout ce qu'on veut, être capable de subvenir à ses besoins est primordial, ne serait-ce que pour se sentir en sécurité mais aussi pour se donner les moyens de réaliser ses rêves.

Aujourd'hui, avec mon agence de communication Digitaly Company, l'écosystème de formation dans lequel j'établis mes programmes, je génère des centaines de milliers d'euros. Consulting digital, formations business et réseaux sociaux : j'aide de jeunes entrepreneurs et les salariés à gagner du temps en leur évitant les erreurs que j'ai pu faire.

Mais avant ça, il y a eu les années de galère à travailler comme une folle pour une misère. Pourquoi est-on si nombreux à galérer ?

CHAPITRE 7

CASH MACHINE

JE M'AUTORISE À GAGNER DE L'ARGENT

LES FEMMES, DERNIÈRES SERVIES

Aujourd'hui encore, dans le secteur privé, une femme gagne en moyenne 24%* de moins qu'un homme. Et à poste égal et responsabilités égales, elle gagne 4 %* de moins.
C'est prouvé : les femmes vont moins souvent demander des augmentations que les hommes, par sentiment qu'elles ne sont pas assez méritantes. Les hommes, eux, se mettent moins la pression pour fournir un travail parfait et n'hésitent pas, en revanche, à demander des augmentations. Plutôt que de les critiquer, inspirons-nous d'eux !
Les secteurs majoritairement féminins connaissent des taux de salaires très bas, c'est le cas par exemple pour tous les métiers du *care,* autrement dit tous ces métiers qui prennent soin de l'autre : infirmières, aides-soignantes, éducatrices de jeunes enfants, auxiliaires de vie... On marche sur la tête : les métiers les plus essentiels sont les moins valorisés financièrement !
Alors il est temps de renverser les choses et d'assumer nos envies et nos droits. Toutes en chœur : *Oui, j'ai envie de gagner beaucoup d'argent, et oui, j'y ai droit !*

JE MÉRITE

Notre problème, c'est qu'on se dévalorise beaucoup trop souvent. *Je ne suis pas assez qualifiée, pas assez douée, mon travail n'est pas si exceptionnel que ça...* Je sais de quoi je parle, je l'ai fait pendant des années ! Je vous arrête tout de suite : vous avez de la valeur, et ce que vous faites aussi.
Arriver à cette prise de conscience est primordial pour commencer à faire de l'argent. Votre perception de vous-même est directement liée aux sommes que vous gagnez. Et pour prendre conscience de sa valeur, rien de mieux que de connaître vos « zones de génie ».

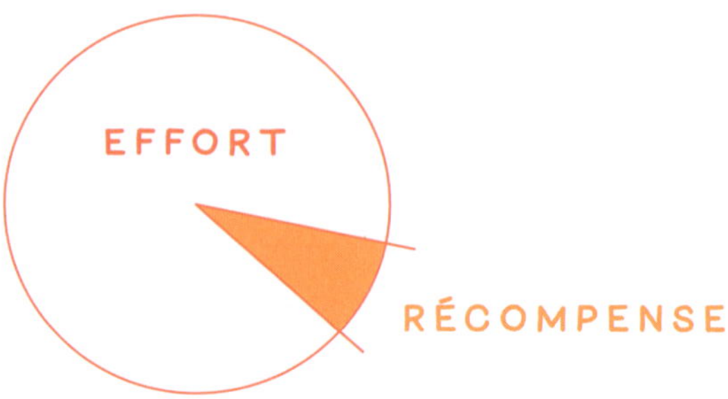

* Fanny Godet, « Écart de salaire entre femmes et hommes en 2022 », Insee, n° 320, 2024

COMPÉTENCES ET ZONES DE GÉNIE

Pendant longtemps, j'ai eu du mal à faire la différence entre mes compétences et mes « zones de génie ». Quand je l'ai enfin compris, ça m'a énormément aidée.
OK, j'avais des compétences : j'avais appris à faire des logos, gérer des logiciels de montage, gérer des comptes Insta, mais ma force à moi, c'était quoi ? Les zones de génies ce sont ces choses que l'on peut faire spontanément pendant des heures. Qu'est-ce que j'avais fait naturellement, toutes ces années, sans même m'en rendre compte ? Quelques réponses sont apparues : inspirer confiance, arriver à parler facilement de moi et de mon parcours, ma capacité à être résiliente et à remonter la pente quand ça ne va pas... Et il y en avait plein d'autres. Alors je les ai synthétisées et représentées dans un schéma. Je me suis placée au centre d'un hexagone et j'ai tissé ma toile. Et en regardant de plus près les différents points, je me suis rendu compte que je m'étais un peu perdue en route toutes ces années... Que ce soit la capacité d'écoute, l'empathie, l'intelligence relationnelle ou la pédagogie, toutes ces « zones de génie » ont un point commun : celles de me mettre en lien avec les autres. J'avais oublié la dimension sociale et relationnelle !

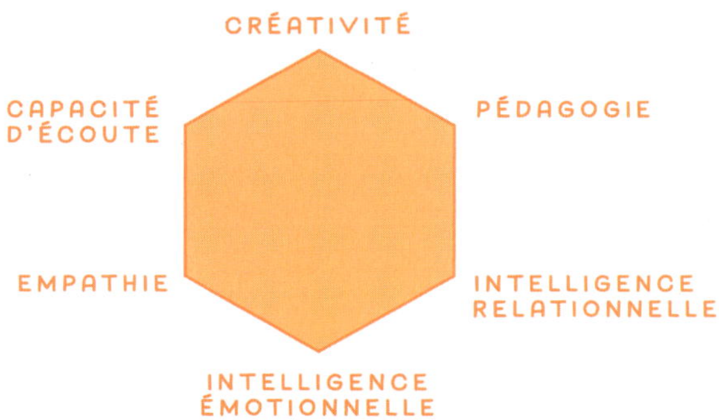

C'est là que j'ai compris que je ne pourrais jamais être alignée dans des métiers où je ne suis pas vraiment en lien avec les autres, comme quand on est chanteuse, par exemple ! Impossible pour moi aussi d'être dans l'immobilier ou la vente pure et dure : je suis incapable de vendre quoi que ce soit si je ne suis pas convaincue que ce soit une bonne affaire, j'ai besoin que les échanges soient authentiques. Quant à être graphiste toute seule derrière mon ordinateur, j'ai beau en aimer le côté créatif, je savais que cette activité seule ne pourrait jamais me rendre pleinement heureuse. Il fallait que j'arrête de courir après quelqu'un que je n'étais pas.
L'équation était simple : **être honnête et fidèle à mes valeurs + répondre à mes zones de génie = alignement, et donc fluidité.** Si je voulais gagner de l'argent sans m'épuiser, je devais commencer par là.

ÊTRE ALIGNÉE

Bon, même si l'équation paraissait simple, la mise en pratique restait compliquée. Être alignée, moi qui pars dans tous les sens comme toute bonne créative qui se respecte ? Alors j'ai repris mon hexagone et j'ai procédé point par point.

Ma créativité, je peux l'exprimer de plein de manières différentes : community management (les petits commerçants en ont souvent besoin pour se lancer), la direction artistique, le graphisme, la création de contenu...

La pédagogie ? OK, donc je continue à développer encore plus mes formations. Je vois que ça aide les gens et je vais petit à petit en faire mon métier principal. Je sens que je suis utile, on me recontacte, et je deviens même consultante pour des grands groupes.

On continue ! J'ai une capacité d'écoute naturelle, et grâce à elle, j'apprends par mimétisme à développer des compétences. C'est ce qui va se passer quand je vais devenir chroniqueuse télé : grâce à ma qualité d'écoute et d'observation, je vais rapidement m'approprier les codes du métier et faire des chroniques qui vont plaire au producteur de l'émission.

Mon intelligence émotionnelle, elle, me permet de donner des conférences et des séminaires vivants. Quand je capte l'énergie de la salle, je m'adapte à elle comme un caméléon. Je me rends compte que j'arrive à faire venir les gens mais aussi à les captiver ! Et surtout, j'adore ça. L'intelligence émotionnelle me permet d'avoir un impact dans la vie des gens, même si c'est un impact minime : je décide d'assumer de devenir *Mentor Business*, de dire aux entrepreneurs ce qu'ils ont besoin d'entendre pour que ça marche, même si cela signifie ne pas toujours être tendre. Grâce à mon expérience, je perçois les signaux qui montrent si leur projet peut marcher ou non et j'essaye de leur faire gagner du temps.

Mon empathie, elle, me donne envie de continuer à être inspiratrice ou autrice, peu importe le moyen, mais en tout cas de partager mon récit avec les autres pour les aider.

En acceptant d'être honnête avec nous-mêmes et de mettre sur une feuille tout ce qu'on est capable de faire, cela résout les problèmes d'aiguillage. Les réponses sont souvent en nous. Cela signifie aussi se débarrasser des attentes des autres pour se recentrer sur nous. Si vous rêvez d'être chef·fe pâtissier·ère mais que vous vous entêtez à être vétérinaire pour faire plaisir à vos parents, ça ne marchera pas.

Dès que j'ai commencé à être alignée, l'argent est rentré. Non seulement j'avais des opportunités de dingue qui arrivaient toutes seules à moi, mais en plus elles me permettaient de gagner beaucoup plus en fournissant moins d'effort.

> ET VOUS, À QUOI RESSEMBLE VOTRE HEXAGONE ? AVEZ-VOUS IDENTIFIÉ QUELQUES-UNES DE VOS ZONES DE GÉNIE ? AVOIR DU RECUL SUR SOI PEUT ÊTRE DIFFICILE, N'HÉSITEZ PAS À DEMANDER DE L'AIDE À VOTRE ENTOURAGE.

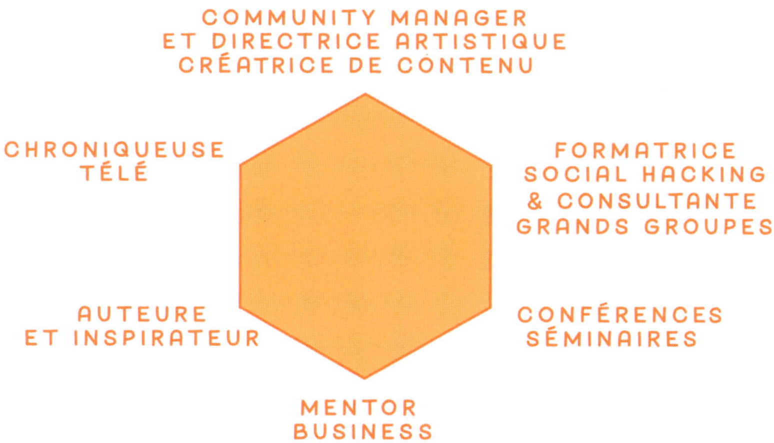

Prenons pour exemple ma période « musique », des galères, des arnaques, des problèmes à gogo. Que me dit la situation ? *Alice, t'es clairement pas dans ta zone.* Dès lors que je me concentre à nouveau sur le secteur du marketing et de la communication, me voilà alors approchée par McDonald's pour piloter des campagnes d'influence. De superbes propositions tombent comme des petits pains, des contrats à haute responsabilité et sur le long terme rémunérés 5 000, 8 000, 12 000 € par mois me sont proposés. On m'offre un contrat pour manager la partie digitale de quarante pôles Social Media dans quarante casinos différents appartenant au même groupe. Comme je rentre à nouveau dans cette même vibe digitale à travers mes publications sur les réseaux sociaux, l'équipe de France 3 me propose une chronique digitale. Et ainsi tout s'enchaîne. « Alice, tu pourrais accompagner la e-reputation d'Audrey en parallèle de son travail chez BFM Business ? », « Alice, tu pourrais me mentorer, moi et mon équipe », « Alice, ça te dirait d'être prof dans cette grande école ? »... Les demandes pleuvent et je réapprends l'audace jusqu'à organiser moi-même mes plus grands séminaires. Je ressens enfin le mouvement, comme si l'Univers me disait : « Ah ! bah enfin ! Cette maladroite a enfin décidé de faire les choses par elle-même et ne se laisse plus marcher dessus par un patron, un prestataire ou une associée ! Enfin, elle a décidé d'arrêter d'écouter les gens de la musique qui veulent la caser quelque part alors que sa place est ailleurs. OK. Puisqu'elle m'écoute, alors je vais lui ouvrir toutes les portes. » Je vois enfin ma valeur car j'apprends à m'en sentir légitime. *Au passage, kiss l'Univers, franchement t'assures, bro !*

FIXER SES TARIFS

Une fois que vous avez trouvé une activité dans laquelle vous pouvez vous épanouir, il est nécessaire d'apprendre à fixer vos tarifs, ou de négocier votre salaire si vous êtes salarié. Maintenant que vous connaissez la valeur de ce que vous pouvez faire, il faut que ça se transpose concrètement dans l'argent que vous gagnez.
Quelle que soit mon activité, j'ai toujours eu honte de poser mes tarifs. Je me sentais coupable, illégitime, presque arnaqueuse ! Comme bon nombre de femmes, je ressentais toujours cette épée de Damoclès : le fameux plafond de verre que je m'interdisais de dépasser. J'ai perdu environ quatre ou cinq ans à fixer des petits tarifs ridicules à cause de croyances à la con. C'est malheureusement le parcours classique de la plupart des femmes. J'ai même pu me dire que ce que je faisais était trop facile pour moi, et ne méritait donc pas un bon salaire !
Mais pourquoi donc ?

UN PROBLÈME CULTUREL

Coucou, c'est nous les francophones schizophrènes ! On veut absolument plus d'argent tout en passant notre temps à émettre des jugements sur ceux qui en ont. On a appris, collectivement, à diaboliser l'argent. Qui n'a jamais balancé sa petite remarque au sujet d'une personne qui roulait dans sa belle Merco, ou qui se pavanait dans sa villa vue mer ? « Tss... Je suis sûre que c'est un Airbnb... » Pour être une bonne personne, il faudrait faire les choses de manière complètement désintéressée, ne pas

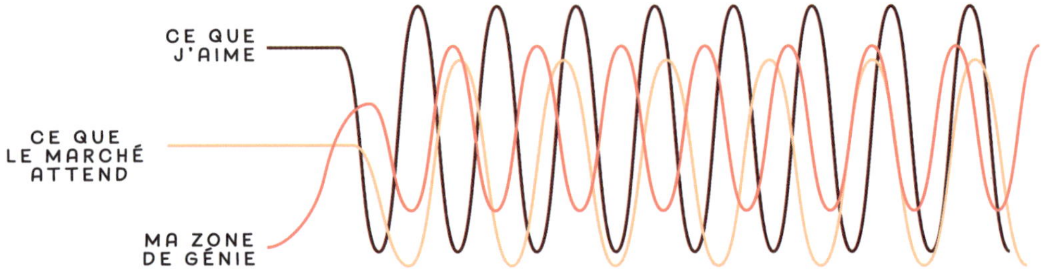

trop étaler sa fortune et rester bien tranquille dans son coin, à son poste. Moi la première, j'ai grandi avec ce paradoxe. D'un côté, ma famille maternelle : bourgeoisie de région parisienne, devenue avec le temps bobo de gauche et décroissante ; pas spécialement fanatique des réussites économiques de mon patriarche. De l'autre, mon papa issu d'une famille syndicaliste très modeste, s'étant sorti les doigts du derrière pour rehausser son statut social. La schizophrénie : j'ai connu.

« L'argent ne fait pas le bonheur, ma fille. » (Maman) « Hum, hum, mais euh, il y contribue quand même pas mal... Alice, combien coûtent tes études de comm' déjà ? » (Papa)

J'ai grandi éduquée par des valeurs sociales et éthiques, dans le département le plus aisé de France : les Hauts-de-Seine. Mes camarades de classe sont tous des « fils de » et mes destinations vacances sont plutôt La Baule, Cabourg, Courchevel, Cannes et Porto-Vecchio que Dunkerque, Palavas-les-Flots et La Courneuve. Faut arrêter l'hypocrisie, je m'habitue forcément à ce à quoi j'ai été habituée. Néanmoins, faire de l'argent au départ n'était pas du tout un objectif. Ma mère me rappelle souvent que mon rêve ultime était d'avoir une ferme pédagogique dans le Perche quand j'avais 14 ans.

Le problème, avec les rêves d'enfants, c'est qu'on se rend bien compte qu'ils deviennent de plus en plus difficiles à envisager quand on entre dans le monde des adultes.

Lorsque mon père parlait d'argent, les remarques fusaient : « Oh ! mais Marc, tu ne vas pas encore nous parler de Thalès ! » Mon père était souvent considéré comme l'asocial stressé uniquement passionné par ses gros meetings professionnels et ses transactions à un ou deux milliards d'euros.

> QUELLES SONT LES CROYANCES DE VOTRE FAMILLE À PROPOS DE L'ARGENT ?
> QUELLES PETITES PHRASES AVEZ-VOUS ENTENDUES TOUTE VOTRE ENFANCE ?

Inconsciemment, s'avaler ce genre de punchlines n'aide vraiment pas. Si vous avez appris qu'en gagnant de l'argent vous serez jugé·e et rejeté·e par des personnes que vous aimez, il y a de fortes chances pour que, consciemment ou non, vous fassiez en sorte de ne jamais en gagner beaucoup ! Et voilà comment on s'enferme dans des schémas qui nous coincent et nous limitent. *C'est à n'y rien comprendre, pourquoi je me sabote comme ça ?* En fait, c'est votre protecteur intérieur qui joue son rôle, il veut vous garder dans une zone plus « confortable », où vous ne serez ni jugé·e ni critiqué·e. À nous d'apprendre à ce protecteur qu'il peut relâcher sa surveillance, et qu'il n'y a en fait rien à craindre à gagner de l'argent !

> COMMENT POURRIEZ-VOUS RASSURER CETTE PART DE VOUS QUI VEUT VOUS PROTÉGER ET VOUS EMPÊCHER D'ALLER LÀ OÙ VOUS LE VOULEZ ?
> AVEZ-VOUS IDENTIFIÉ QUELLES SONT SES CRAINTES ?

ASSUMER QUE L'ON VEUT GAGNER PLUS

Lorsqu'on entreprend, qu'on soit à l'aise ou non à l'idée de gagner de l'argent, on se rend assez vite compte qu'on n'a pas d'autre choix que d'en faire. Eh oui, chaque mois, madame TVA, monsieur Urssaf, messieurs les Impôts des sociétés, madame Taxe CFE, monsieur le Comptable, mesdames Charges courantes, messieurs Frais, madame Assurance professionnelle et tout un tas d'autres messieurs-dames, viennent gentiment nous serrer la pince pour nous demander des petits virements. À force de nous frotter chaque mois à ces réalités, de bosser des nuits durant, d'enchaîner les expériences de prospection, les arnaques, les mauvais paiements et j'en passe, on prend conscience que, en tant que Français et indépendant, si on veut a minima survivre et vivre de notre passion sans la sécurité d'un contrat en entreprise, il va nous falloir gagner beaucoup.

LA CLAQUE-DÉCLIC

Pour ma part, j'ai reçu une claque-déclic le jour où j'ai fait mon bilan annuel. J'avais, à cette époque, déjà créé ma société et je dégageais environ 30 000 euros l'année. Trente mille ? Ce n'est pas si mal, ça ! Sauf que j'ai commencé par retirer :
— 6 000 euros de TVA,
— 2 400 euros de comptable,
— 480 euros de frais bancaires,
— 1 200 euros de frais ads/hébergement web,
— 1 300 euros d'achat de matériel type smartphone,
— 540 euros de forfait téléphonie et web,
— 800 euros de taxe CFE,
— 2 400 euros de frais de route.
De mes 30 000 euros il me restait donc... 14 000 euros environ.
OK, mais donc là, c'est dans ma poche, non ? Et non, pardi ! C'est le moment de retirer les cotisations et autres. Il me restait donc, en net : 8 000 euros. Je gagnais 8 000 euros net par an. Moi qui travaillais de dix heures à minuit six jours sur sept sans prendre de vacances ! Je me payais un euro cinquante de l'heure !
Le choc. *C'est comme ça que j'estime mon travail ?* Alors j'ai tout repensé. Si je voulais me payer correctement, ce n'était pas 25 000 ou 30 000 euros par an que je devais faire, c'était le triple, sinon plus. Je me suis fixé un minimum de 150 000 euros de chiffre d'affaires par an.

FIXER DES TARIFS JUSTES SELON VOUS

Je n'ai plus peur de fixer des tarifs élevés car, aujourd'hui, je sais que les personnes qui me trouveront trop chère ne sont tout simplement pas prêtes à passer par moi. Je ne le prends pas personnellement car il ne s'agira pas d'une collaboration juste et alignée dans tous les cas. Définir son prix, c'est accepter qu'on a une certaine valeur. N'hésitez pas à expliquer votre raisonnement derrière ce tarif. Expliquer n'est pas se justifier. Il y a plein de manières d'exposer son prix à un client, on peut le faire sereinement, sans être sur la défensive.
Si vous êtes entrepreneur, il faut expliquer qu'en France, dans 1 000 euros versés par le client, il y a 20 % pour la TVA, 20 % pour l'URSSAF et autres charges diverses, X % pour les impôts, puis les charges de gestion de l'entreprise. En fait, sur les 1 000 euros, un entrepreneur va peut-être toucher 200 euros net.
Il ne faut pas hésiter à éduquer la personne à qui on va demander un prix. Il est aussi nécessaire de montrer ce que notre offre va lui apporter et en quoi elle est irrésistible. Pour ça, il faut apprendre à écouter les besoins de la personne.
Fixer un tarif, c'est tout un processus à mettre en place. À partir du moment où la personne en face de vous a un besoin et que vous êtes capable d'y répondre, vous n'avez pas à vous sentir coupable de monnayer la prestation.

> ET VOUS, AVEZ-VOUS BESOIN DE FIXER VOS TARIFS ? SI OUI, COMMENT LE VIVEZ-VOUS ? ÊTES-VOUS SATISFAIT·E DE CES DERNIERS ?

Définir son prix
c'est accepter
qu'on a une valeur

RENVERSER LES CROYANCES

Alors comme ça, faire de l'argent ne collerait pas avec vos valeurs ? Mais pourquoi ? À vous de décider ce que vous voulez faire en gagnant de l'argent. Investir dans une start-up écolo ? Payer de meilleurs légumes locaux et faire vivre les agriculteurs français ? Faire du mécénat et soutenir de jeunes artistes, vous payer certes une voiture plus chère mais qui pollue moins ? Avoir les moyens d'éduquer vos enfants, leur permettre de s'initier à la musique, au dessin, au théâtre ? Ou comme moi, vous permettre d'investir dans une maison de maître qui deviendra votre agence pour recevoir des entreprises ou des particuliers et les aider à booster leur activité en développant le digital. On décide tous de ce qu'on veut faire de son argent et comment l'argent peut ou non coller avec nos valeurs.

| QUELLES SONT LES VÔTRES ?

L'ARGENT EST UNE ÉNERGIE

Je crois dur comme fer que l'argent est une énergie et qu'en la nourrissant d'actions positives, de joie, d'idées, d'envie et de rire, elle viendra forcément à nous.
On a beau appliquer tous les adjectifs qu'on veut à l'argent, la vérité, c'est qu'il est neutre. C'est qui vous êtes et ce que vous en faites qui déterminera sa valeur. Certains disent même que l'argent est un *amplificateur* et qu'il viendra exacerber et renforcer votre énergie, qui vous êtes, ce que vous mettez dans le monde.

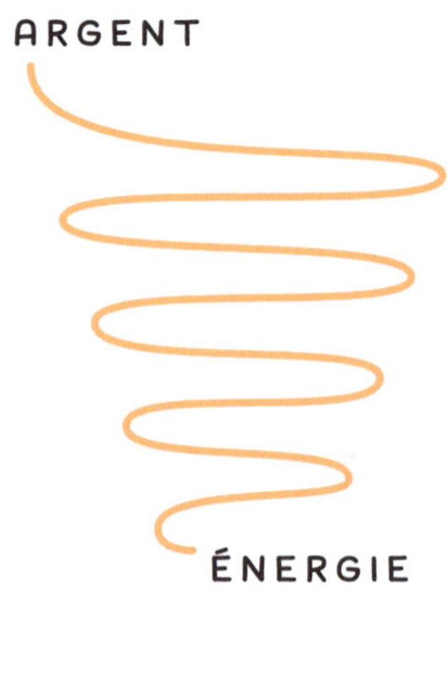

L'ÉDUCATION FINANCIÈRE

L'argent est central et omniprésent dans nos vies et pourtant, bien souvent, on n'y connaît pas grand-chose. À l'école, personne ne nous a appris à le gérer. Alors ça nous semble être un sujet trop complexe et on ne veut même pas se pencher dessus. Pas étonnant qu'on n'en gagne pas beaucoup. Je me suis fait ma propre éducation financière. J'ai regardé et analysé des documentaires, lu des livres comme *Père riche, père pauvre* (une référence !), j'ai discuté avec des entrepreneurs, avec mon mentor. Je me suis plongée dans les chiffres. J'ai fait des calculs, des schémas, je me suis aidée de sites Internet… En bref, je me suis impliquée dans ma « vie financière ». C'est une étape indispensable si vous voulez gagner plus !

> ET VOUS, OÙ EN EST VOTRE ÉDUCATION FINANCIÈRE ? ÊTES-VOUS À L'AISE AVEC LE SUJET ? LE MAÎTRISEZ-VOUS ?

L'argent est central et omniprésent dans nos vies et pourtant, bien souvent, on n'y connaît pas grand-chose

QUAND TOUT S'EFFONDRE

Vous le savez, plusieurs de mes expériences m'ont fait perdre BEAUCOUP d'argent. Si j'additionne les montants, ce sont des chiffres vertigineux. On atteint sûrement plus de 300 000 euros. Cela fait très mal, sans parler des difficultés qui peuvent en découler. Refaire de l'argent quand on a tout perdu, ça décourage d'avance. On est à bout de souffle, sans ressource. Du moins, c'est ce qu'on pense. C'est un peu comme quand on vient de se séparer de quelqu'un et que l'idée de tout recommencer de zéro nous semble infaisable : rencontrer quelqu'un, retisser des liens, redonner sa confiance... Tout est à refaire. Mais une fois passé le choc, je ne me suis pas apitoyée sur mon sort. Le choix était simple : continuer de regarder en arrière et de regretter, ou mettre un pied devant l'autre et faire un premier pas, puis un autre, et un autre. On recommence, on se remonte les bretelles, on se retrousse les manches, et on y va : faire des schémas, tirer des bilans... Quelles ont été les erreurs ? Qu'est-ce qui a marché ? Qu'est-ce que je veux encore faire ? Et ne plus faire du tout ? On se remet en bas de sa pyramide et on pense à sa première marche. Ce qui est fou, c'est qu'une fois qu'on a dépassé la perte et qu'on est relancé·e, on en tire un sentiment de puissance incroyable. Si je peux me remettre de ça, qu'est-ce qui pourra me freiner ? Je suis capable de tout. Quand j'ai connu ma première arnaque, que j'ai monté un dossier et que je suis allée aux prud'hommes, je me sentais invincible. *OK, tu as peut-être perdu 300 000 euros, mais regarde qui tu es ! Qu'est-ce qui peut te faire peur maintenant ? Tu es encore là.* Définitivement, il ne faut pas avoir peur des échecs : non seulement on se remet de la douleur, mais en plus, ils nous apportent une force de fou !

“L’argent vient à celui qui le dompte.”

L'ÉCLAIRAGE DE Fabien Prêtre

Mentor entreprenariat
@fabienpretre

Trois clés pour se rapprocher des revenus dont on a toujours rêvé.

1 . Connaître les règles du jeu

Le premier point sur lequel vous pouvez agir et qui est essentiel, c'est de vous former, vous informer et vous éduquer. Il existe énormément de ressources gratuites (livres, documentaires, sites Internet…) qui expliquent comment fonctionne l'argent. Vous n'avez pas besoin de dépenser une fortune, d'acheter une formation ou de prendre un coach. Comprendre les actifs et les passifs, intégrer que notre système fonctionne sur le taux d'endettement, se renseigner sur les étapes à suivre pour investir ou se lancer dans l'entrepreneuriat… Tout ça est accessible en un clic ou presque.
Finalement, tout ça n'est qu'un jeu. Et quand on veut jouer au Monopoly, on a plus de chance de gagner si on a lu les règles du jeu, non ?

2. Avoir une vision et s'autoriser à voir grand

La deuxième clé ? Avoir une vision et ne plus la lâcher du regard. Quelle est la vôtre ? Comment souhaitez-vous vivre ? Quel objectif souhaitez-vous atteindre ?

Il sera différent pour chacun. Pour certains, ce sera faire des millions et pour d'autres, vivre au bout du monde avec des chèvres. Que ce soit pour une entreprise ou pour votre vie, l'important est de s'autoriser à suivre ses rêves et ses désirs jusqu'au bout. On s'autolimite trop souvent. Parfois je titille certains entrepreneurs avec le *What if ?* que les Américains utilisent beaucoup. *Et si ? Et si c'était possible ?* Cette posture nous permet de voir plus grand et de nous rapprocher de ce qui allume un vrai feu en nous.

N'ayez pas peur de voir grand, au contraire ! Adoptez la mentalité du « × 10 » : quelle que soit l'idée de départ, imaginez-la multipliée par dix.

Votre vision est ce qui vous permettra de tenir le cap et d'aller loin.

3. Prendre le problème à l'envers

Maintenant que vous avez votre vision, il est temps de passer au concret.

Prenez une feuille et un stylo ou ouvrez votre tableau Excel, et écrivez noir sur blanc vos objectifs et vos chiffres. Cette première étape est très importante car elle inscrit votre rêve dans une réalité.

Et maintenant, prenez le problème à l'envers. Partez du résultat et détricotez tout le chemin qui vous y a mené. Faites une colonne pour chaque mois qui vous sépare de l'objectif et ajoutez-y les actions qui vont vous y conduire. Une fois que vous avez détaillé ce chemin, l'histoire est quasiment déjà écrite. Vous avez devant vous de bons indices de ce qu'il faut faire, ce qu'il ne faut pas faire, et comment le faire. Il s'agit ensuite d'agir, de lancer cette première action, et de continuer de faire, jour après jour.

Poser des fondations solides est le plus important, il faut accepter que cela puisse prendre du temps. Armez-vous de patience et croyez en votre bonne étoile !

C'EST À VOUS !

EXO 1

Si l'argent était votre mec : un exercice pour prendre conscience de sa relation à l'argent

Quelle est votre relation à l'argent ? Pour cela, imaginez que l'argent est une personne, voire votre mec ou votre meuf.

1 | **Comment vous comportez-vous avec lui ?** Êtes-vous dans l'évitement (par exemple, vous n'allez jamais regarder vos comptes ou vérifier vos dépenses) ? Vous êtes complètement étouffant·e et vous l'empêchez de circuler librement ? Ou alors vous le dénigrez, expliquant à qui veut bien l'entendre que l'argent, vous vous en foutez, ce n'est pas ça qui rend heureux·se ?
Prenez le temps de vous poser pour y réfléchir.

....

....

....

....

....

....

....

....

....

....

....

....

....

....

2 | **Maintenant que vous avez une idée plus claire, demandez-vous honnêtement :** avec votre comportement, si l'argent était une personne, aurait-elle envie de rester en votre compagnie ?
On a tous, à différents niveaux, une relation toxique à l'argent ! On lui reproche de ne jamais être assez présent tout en le dénigrant à la moindre occasion. Comment pouvez-vous changer ça ? Prenez l'habitude de noter vos pensées à ce sujet.

EXO 2

Un Money Date pour entretenir sa relation à l'argent

Dans la continuité du premier exercice, je vous encourage à avoir des rendez-vous réguliers avec votre argent. Cela peut être une fois par semaine ou une fois toutes les deux semaines, quinze minutes ou une heure, à vous de voir.
Vous pouvez mettre ce que vous voulez dans ce rendez-vous : faire un petit bilan sur votre gestion (comment l'avez-vous dépensé, dans quelle énergie ? joie, frustration ?), votre état d'esprit à ce sujet ces derniers jours, vous renseigner sur quelque chose qui vous intéresse, lire un livre sur le sujet, faire une mini-formation...
Par exemple : OK, *j'ai dépensé tant d'argent pour ce voyage mais que va-t-il m'apporter ? OK, j'ai annulé ce resto copines pour payer cette facture mais quelle tranquillité d'esprit cette décision va-t-elle m'apporter ? Je prends la décision de déléguer en payant une assistante, que va me permettre ce gain de temps ? Je paye un cadeau très cher à mon chéri, qu'est-ce que ça symbolise ? Je veux gagner deux fois plus que ce que je gagne, quelle décision douloureuse dois-je prendre pour sortir de ma routine, de ma situation ?*

EXO 3

Un exercice d'analyse pour activer sa zone de génie et débloquer l'abondance

1 | D'abord, travaillons sur vos croyances afin de déverrouiller vos limites :

Examinez les activités qui vous apportent des revenus : êtes-vous satisfait·e ? Avez-vous le sentiment de gagner suffisamment ? Une croyance se cache-t-elle derrière ces revenus trop faibles ?

Rappelez-vous quel métier vous vouliez faire enfant : sans les contraintes de la vie d'adulte et sans les croyances limitantes, à quel point vous sentiez-vous capable de réaliser ce rêve ?

Quel serait le métier que vous n'oseriez jamais faire et quel revenu pensez-vous ne jamais mériter de percevoir ? Pourquoi ?

2 | Ensuite, déverrouillez vos potentiels. Avez-vous fait le losange des zones de génie ? Si oui, avez-vous le sentiment de répondre à vos zones de génie ?

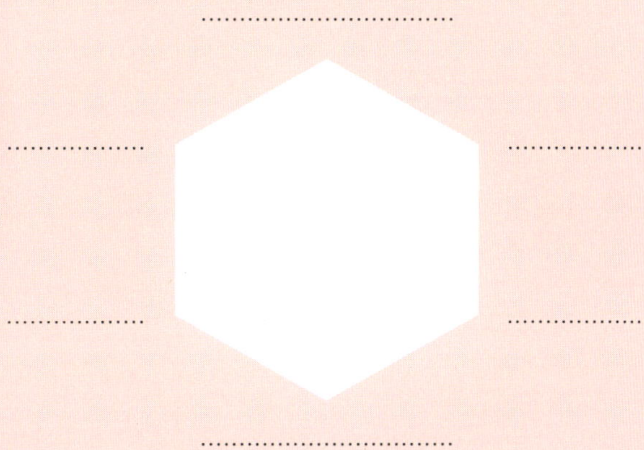

EXO 4

Spécial entrepreneurs : le scaling des revenus

Tout le monde parle de compléments de revenus, de liberté financière… Et si vous vous mettiez à y penser pour vous ?

Monétisez-vous uniquement votre temps ou avez-vous la possibilité de mettre en place des produits et services qui travaillent pour vous ?

…………………………………………………………

…………………………………………………………

Calculez votre taux horaire actuel en travaillant :

…………………………………………………………

…………………………………………………………

Et calculez maintenant combien vous gagneriez si vous réussissiez à vendre un produit en ligne automatiquement à 60 euros par jour sur cinq ans :

…………………………………………………………

…………………………………………………………

Créer un produit en ligne, quel qu'il soit, est à la portée de tous et ne nécessite pas d'avoir de connaissances en Web. Vous avez à votre disposition des outils simples comme Shopify, Canva, Kandy app, Kajabi, System.io, et j'en passe.

Vous pouvez tout imaginer :

— une to-do list de 150 recettes pour la famille cette année ;
— le e-book des plus belles manucures ;
— le guide pour une peau sublime ;
— les 50 fiches inspiration look tendance ;
— le livret des couples heureux ;
— le programme d'exercices sportifs pour un ventre plat en 30 jours.

Alors, vous vous lancez ?

RELEVEZ LE DÉFI EN VRAI #7

Rendez-vous sur mon compte Instagram
www.instagram.com/alicecatdesigner dans la story à la une : « Solide ».

Faites un screen de ce visuel et notez votre salaire rêvé. Assumez de vouloir gagner cette somme ! Partagez vos réponses dans votre story.

N'oubliez pas de taguer **@alicecatdesigner**
si vous souhaitez que je repartage vos réponses, histoire d'ancrer en votre esprit que « ça y est, c'est écrit : maintenant que je suis conditionné·e je le fais ! »

Mon salaire mensuel idéal (revenus nets)

....

....

Téléphoner à ce client: check. Répondre aux soixante-trois commentaires sous mon dernier post: check. Préparer ma prochaine conférence: check. Rédiger mes cinq prochaines chroniques TV: check. Coacher ces quatre élèves aujourd'hui: check. Tourner le nouveau module de ma formation: check. Écrire mon livre: check.

Avoir du temps pour moi et pour mes proches, de bonnes nuits de sommeil, des vacances et du self-care ? C'est compliqué…

Même si j'adore ma vie à mille à l'heure remplie de taf, de rencontres et de déplacements, je vais parfois dans des extrêmes et je m'oublie en cours de route. En 2021, la perte brutale de mon animal de compagnie va me servir d'électrochoc.

CHAPITRE 8

L'INSTANT PRÉSENT

LA FRAGILITÉ DE LA VIE SE RAPPELLE À MOI

LA PIRE ÉPREUVE DE MA VIE

1er novembre 2021. C'est le matin, je dors encore profondément quand je sens qu'on me touche l'épaule. « Chérie, il va falloir que tu sois forte. » Ce sont les premiers mots que j'entends, et au fond de moi, je sais déjà. Je me mets tout de suite à hurler, je lui crie de m'expliquer ce qui s'est passé. J'en deviens complètement hystérique, jamais je ne me suis vue dans un état pareil.
« Les voisins m'ont appelé, il y a un chien écrasé devant chez eux et ils pensent que c'est Enny. »
Je peux difficilement expliquer la douleur indescriptible que je ressens. J'ai l'impression qu'on vient de m'arracher un bout de moi, un organe vital. Ce chien, c'était toute ma vie. Enny avait traversé toutes les épreuves avec moi, il avait toujours été à mes côtés. Quand j'avais dû faire mes cartons en urgence un après-midi pour quitter ma relation toxique, c'est lui qui était là, joyeux, et qui m'offrait un soutien. Je n'avais ni ma famille ni mes amis pour me soutenir dans cette épreuve, mais je l'avais lui. Quand je sombrais, épuisée, après une énième crise d'angoisse, c'est lui qui venait doucement me lécher la main. Quand je me trouvais nulle, honteuse de m'être fait arnaquer, ce sont ses petits aboiements qui me donnaient la force de croire en demain. Il m'accompagnait depuis mes 19 ans. Et soudain, on me l'avait arraché.
Comment peut-on être prêt·e à ça ? Je me prends mon impuissance en pleine figure. Je ne peux *rien* faire. Plus jamais il ne reviendra. Dans ma vie, j'avais toujours cru que je pouvais tout maîtriser. Je choisissais l'action pour tout optimiser : mon nez ne me plaisait pas ? il était possible de le transformer. Enfermée dans une relation toxique ? Je pouvais trouver la force de tout recommencer. Une épreuve professionnelle ? Je pouvais tout envoyer balader. Me teindre en blonde, me réinventer, me téléporter dans une nouvelle vie... Tout ça est envisageable. Je pouvais même guérir mes yeux, avec de la volonté ! Mais je ne pouvais pas contrôler la mort. Je ne pouvais pas faire réapparaître mon fils, mon chien, mon plus grand soutien : *Enny, tu es là ? Non, Alice. C'est fini. Il n'y a pas de retour en arrière possible.*

J'avais toujours cru que je pouvais tout maîtriser

Quelque chose s'effondre en moi. J'ai si mal. Je ressens des coups de poignards dans mes entrailles. Et cette horrible sensation de ne plus rien contrôler. La mort, quand la vie défile, on oublie bien trop souvent qu'elle est la fin de tout. On cherche à l'éviter, à faire comme si elle n'existait pas, mais ce jour-là, croyez-moi, elle est entrée en moi. Je ne peux que subir, crier des décibels de hurlements désespérés, laisser couler des cascades de larmes et me prendre de plein fouet la peine la plus douloureuse qu'il m'ait été donné de ressentir. C'est tellement violent que je veux mourir. Je veux que tout s'arrête.
J'ai eu d'autres animaux de compagnie qui sont décédés avant lui, mais là, la douleur est incomparable. Pourquoi s'est-il sauvé du jardin ? Je me suis réveillée pour plonger dans un cauchemar éveillé. Mon petit chien de 2 kg littéralement transformé en morceaux de chair. La pire image qu'on puisse se représenter pour sa petite boule de poils préférée. Oui, mon fils est totalement écrasé. Il ne reste plus rien de lui si ce n'est du sang, des boyaux et des lambeaux de peau. Mon conjoint part récupérer ce qu'il reste de son corps et m'apporte un sac-poubelle en guise de sépulture. Je suis incapable de regarder ce que cet automobiliste fuyard a fait de mon chien.
J'ai conscience qu'Enny était un chien, qu'il avait déjà treize ans et qu'il allait finir par partir, d'autant plus qu'il avait de l'arthrose et qu'il souffrait parfois le martyre. Mais rien n'y fait. Je voulais vous l'écrire à travers ces quelques lignes, on n'est jamais préparé·e aux départs si brutaux, aux accidents, qu'il s'agisse de nos proches, nos parents, nos enfants ou nos animaux de compagnie.
Cet événement arrive à un moment de ma vie déjà complexe : j'ai vendu ma maison rapidement, donné beaucoup de meubles, quitté la ville pour venir m'installer en pleine garrigue alors que je suis très citadine, j'ai dû faire de gros sacrifices pour accompagner et aider mon conjoint dans un moment de sa vie difficile. Et voilà ce que ces sacrifices ont créé ? Jamais mon chien ne serait parti si je n'avais pas déménagé.
Quand est-ce que ça va s'arrêter ? Je finis même par penser qu'on m'a jeté un sort. *Une nouvelle épreuve, après tout ce qui m'est déjà arrivé ?*

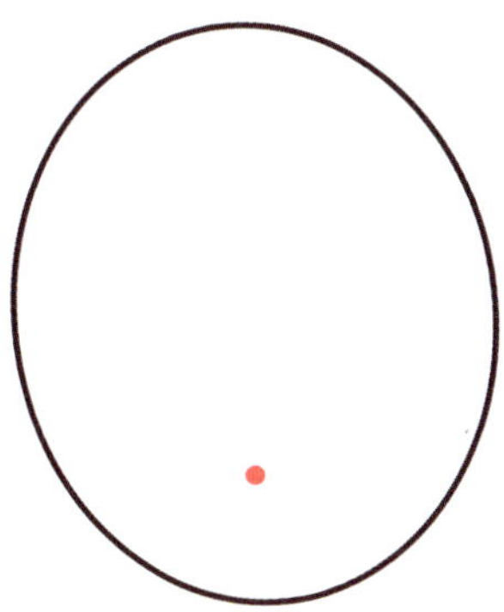

COLÈRE ET INJUSTICE

Dans la douche, je me frappe la tête avec le pommeau. Je m'en veux, et j'en veux à la terre entière, à commencer par mon mec car je le tiens pour responsable de la mort d'Enny : c'est lui qui l'a sorti dans le jardin, c'est arrivé sous sa surveillance. Ma colère et mon sentiment d'injustice vont presque nous coûter notre couple. C'est comme si on m'avait coupée en deux avec un katana.
Cet événement me prive d'une partie de moi. Je ne m'envisage même plus maman-chien plus tard. Et je me plonge encore plus dans le travail pour oublier.

LE TEMPS DU DEUIL

Je dois désormais avancer dans la vie en ayant l'impression d'être une poupée de cire. Je n'ai plus de repères. « C'est comme perdre sa colonne vertébrale », dit Charlotte Gainsbourg à propos de la perte de sa mère, la grande Jane Birkin, et c'est exactement ce que je ressens, même s'il s'agit d'un chien. J'ai le sentiment que la vie est absurde, je ne sais plus pour qui ou pour quoi je veux faire tout ça. Cet événement me renvoie à ma condition de mortelle, me fait réaliser que mes parents vont également mourir un jour. Je ne suis pas prête et j'ai peur.
Tous les gens autour de toi sont mortels, et tu l'es aussi. C'est cette vérité qui m'explose à la figure. Je prends conscience de mon âge, du fait qu'à trente ans, j'ai déjà vécu plus du tiers de ma vie et que les gens que j'aime ont déjà entamé leur troisième tiers.

Tous les gens autour de toi sont mortels, et tu l'es aussi

JE ME RECENTRE

Avec le temps, beaucoup d'efforts pour faire mon deuil, le soutien de mes amis, de longues semaines puis de longs mois à me reconstruire, je finis par nourrir une conviction. Je ne sais si elle me vient de mon imagination ou de mes espoirs les plus grands, mais tout ce que je ressens, c'est que cette idée me fait du bien : Enny a peut-être tout simplement choisi sa mort. Lui qui avait toujours été là pour me soutenir et m'apporter le plus grand des réconforts, il m'avait évité, avec cette fin brutale, de devoir l'accompagner dans une mort lente et douloureuse et de devoir dire un jour, dans un cabinet de vétérinaire : « OK, j'accepte que ce soit la fin. »
Un an après sa mort, jour pour jour, quelque chose en moi commence à s'apaiser. Je me sens à nouveau prête à adopter un chien. Chaque jour qui passe, je réalise combien cette maison est vide de petits aboiements et combien la musique des griffes qui tapotent le carrelage me manque. Je ne comprends plus ce qui m'arrive, serais-je sado-maso ? Il y a dix mois encore je jurais sur ce que j'avais de plus cher que « plus jamais je ne prendrais de chien ! » Et me voilà avoir des envies de petits poils tout chauds sous mes caresses, de jeux interminables avec un « pouic-pouic ».
C'est alors que Taïa, ma petite chienne actuelle, débarque dans ma vie. Que c'est beau, la vie, ne serait-on pas en train de me proposer ma deuxième chance pour être heureuse ?

“Le temps qui passe est un collier de perles cassé.”

LE CADEAU D'ENNY ET DE TAÏA

À cette période, je suis complètement essoufflée et proche du burn-out. C'est le moment où je suis en train de me perdre dans la musique, d'y dépenser tout mon argent et mon énergie sans me sentir alignée pour autant. Je ne dors quasiment plus chez moi, je passe ma vie dans des hôtels, sur la route, en rendez-vous. Je suis dans une fuite en avant.

J'ai presque l'impression que mon chien, en partant, mais aussi Taïa, en arrivant dans ma vie, me posent la question : *Alice, qui es-tu ? Qui es-tu vraiment ? Que veux-tu ?* En mesurant combien ils me sont nécessaires, je m'interroge sur ce qui est essentiel pour moi et sur ce dont j'ai besoin.

Je fais un pas de côté, prends du recul sur mes choix de vie. À quoi je sers en étant chanteuse ? Ce sont les autres que j'aime, je veux pouvoir les aider, leur donner des clés pour avancer et partager cette force que j'ai trouvée en moi. Je comprends qu'il y a un problème de planètes : je dois revenir chez moi, dans ma zone de génie. Je relance alors à fond mes réseaux sociaux, mes projets de conférences, mes formations, ma créativité et tout ce que j'avais un peu délaissé pour la musique. Je me recentre, reprends la vie pour laquelle je suis faite. Je revois même tout mon feed Instagram, ma déco, ma garde-robe. Tout devient beige et camel (en hommage à la couleur de mes chiens !). Ces tons, j'en fais ma marque de fabrique.

Et quand je reviens dans ma zone, tout explose. Les propositions fusent. Cette fois, c'est certain : je suis de retour sur la bonne planète, la mienne.

Je crois toujours que je dois être forte à tout prix

LA FRAGILITÉ DE LA VIE

Cette épreuve m'a fait prendre conscience, de façon un peu trop brutale, c'est sûr, de la fragilité de la vie. Et cette prise de conscience m'a boostée pour rendre ce temps passé ici le plus incroyable possible. Plus que jamais, je veux faire de grandes choses, emmagasiner le plus d'expériences possibles, savourer chaque seconde, ne plus perdre de temps avec des futilités. Je veux me concentrer sur l'essentiel. Je veux être utile, au moins à une personne, faire en sorte que mon passage ici ait servi à quelque chose.

Prendre conscience que l'expérience sur terre a une fin, ça change votre façon de la vivre. Comment voulez-vous vous sentir à la fin de la partie ? Vous avez tout donné pour réaliser vos rêves, ou vous avez joué à moitié ?

Des études ont été faites sur les regrets les plus fréquents des personnes en fin de vie, et voici les cinq principaux :

1. « J'aurais aimé avoir le courage de vivre comme je voulais, et pas de vivre la vie qu'on attendait de moi. »
2. « Je regrette d'avoir travaillé si dur. »
3. « J'aurais voulu avoir le courage d'exprimer mes sentiments. »
4. « Je regrette de ne pas être resté en contact avec mes amis. »
5. « J'aurais aimé m'autoriser à être plus heureux. »

Alors, qu'attendons-nous ? Qu'attendons-nous pour vivre enfin pleinement comme nous le souhaitons ?

> QU'EST-CE QUE CELA VOUS ÉVOQUE ? VOUS SENTEZ-VOUS PRÊT À VIVRE VOTRE VIE À 100 % ?

L'ARRIVÉE DE LA DOUCEUR

En parallèle, je commence à laisser un peu plus de place à la douceur dans ma vie. Ce décès me fait réaliser que, ces dernières années, j'ai couru partout sans profiter assez de mon chien et, en écho, de mes proches.

C'est encore difficile pour moi car j'ai toujours la croyance que je dois être forte à tout prix et travailler dur, mais je fais des petits pas dans cette direction. Je me rends compte que cette douceur me fait du bien et qu'elle n'empêche pas les opportunités d'arriver, au contraire.

> QUELLE PLACE LAISSEZ-VOUS À LA DOUCEUR DANS VOTRE VIE ?
> DANS NOTRE SOCIÉTÉ, ELLE EST SOUVENT OUBLIÉE, RELÉGUÉE À L'ARRIÈRE-PLAN APRÈS L'EFFICACITÉ, LA PRODUCTIVITÉ, ET BIEN D'AUTRES. ARRIVEZ-VOUS À VOUS L'AUTORISER ?

DU TEMPS POUR MOI

Grande nouveauté : je décide de me réserver au moins un moment pour moi par jour ! Pour moi, c'était impensable avant. Ça peut paraître étrange, mais lorsque j'étais boulimique, les moments où je faisais des crises de gloutonnerie devant la télé étaient devenus « mes moments ». J'étais seule, je ne pensais plus à rien, j'oubliais mes problèmes pendant quelques minutes ou quelques heures. Quand j'ai guéri et que je n'ai plus fait ces crises, j'ai eu l'impression d'avoir perdu ce temps pour moi, je ne savais plus comment faire sans. Je me suis sentie un peu perdue et démunie. J'ai dû réapprendre, me créer de nouvelles habitudes.

Aujourd'hui, je n'hésite plus à me réserver un moment pour regarder un docu sur l'Univers (ma passion !). Je ne suis pas 100 % productive, mais j'apprends à me dire que ce n'est pas grave. Avant, même regarder un film me soûlait, j'avais l'impression de perdre mon temps !

Avoir des instants qui vous nourrissent est indispensable ! Je continue à faire le tri entre ce qui me nourrit vraiment, ces choses qui me font du bien, me rendent heureuse, m'enthousiasment, me stimulent, comme mes passions, et ce qui me permet juste d'oublier.

En fait, je suis en train de faire l'apprentissage du *self-care* ! J'ai encore du chemin à faire, je le sais, mais aujourd'hui j'en ai conscience.

Professionnellement aussi, les choses ont changé : je délègue, j'ai une équipe derrière moi, je ne fais plus tout toute seule, et j'arrive à dire non à des propositions.

Je profite de ce temps retrouvé pour consacrer beaucoup d'attention à ma *fifille Taïa*, appeler longuement mes parents ou mon frère pour retrouver un peu de la douceur de ma vie d'enfant. Je veux dire aux gens que j'aime que je les aime. Et j'ai même envie de laisser derrière moi cette maison, ces souvenirs douloureux, de pardonner à mon conjoint qui au fond a également souffert de la situation pour que nous puissions nous reconstruire dans un nouveau projet de maison extraordinaire à rénover.

> ARRIVEZ-VOUS À PRENDRE DU TEMPS POUR VOUS ? À QUOI RESSEMBLENT CES INSTANTS ?

PRENDRE SOIN DE MOI ET RETROUVER MON CORPS

Le *self-care*, cela passe aussi par prendre soin de sa santé physique et mentale. Dernièrement, j'ai commencé à avoir des signaux d'alerte de mon corps : zona, micro-crises d'épilepsie… J'ai même perdu l'élocution ! J'ai cru que je faisais un AVC. En fait, j'étais fatiguée et en suractivité quasi permanente, et mon corps me le faisait comprendre. Avant, j'aurais mis ça de côté, fermé les yeux sur ces signaux, et continué à tracer à mille à l'heure. Bien qu'hypochondriaque, j'aurais sûrement repoussé les rendez-vous médicaux. Mais aujourd'hui je n'ai plus envie de ça. Alors je prends mes rendez-vous, je fais mes examens, je consacre du temps et de l'énergie à écouter et comprendre ce que veut me dire mon corps. Je ne veux plus avoir peur pour ma santé.
Mes prochains objectifs à notre arrivée dans la prochaine maison : m'inscrire à la salle de sport qui se trouve à trois minutes en voiture et profiter du joli village pour m'octroyer des balades plus sûres.

> QUEL EST VOTRE RAPPORT À VOTRE SANTÉ ? PARVENEZ-VOUS À ÉCOUTER VOS BESOINS ET À ENTENDRE LES SIGNAUX DE SURMENAGE ?

J'apprends à me dire que c'est OK de ne pas être productive à 100 %

REDÉCOUVRIR LE PLAISIR DE MANGER DES BONS PRODUITS

L'un des grands changements pour moi a été de retrouver le plaisir de la nourriture. Vers 21 ans, j'avalais la nourriture sans y faire attention. Sucre, fast-foods, je mangeais mal et en vitesse. Aujourd'hui je n'aime même plus le sucre ! J'ai envie et besoin de vrais aliments. Je veux manger du local et du bon, des produits qui m'apportent de l'énergie, me font me sentir bien dans mon corps.

Je n'arrive pas à trouver le temps de faire les courses et de cuisiner et je ne serai probablement jamais le genre de personne qui passe des heures aux fourneaux, mais en revanche, nous avons mis une règle en place avec mon conjoint : deux fois par semaine, nous mangeons dans un bon restaurant. Non seulement passer ce temps ensemble nous rapproche, mais pour moi, c'est devenu un vrai moment de reconnexion à moi. C'est comme si je redécouvrais le goût des choses, le plaisir des sens, les saveurs. Goûter à un plat délicieux et de bonnes qualités, c'est mieux qu'un shoot d'héroïne !

C'est un gros budget, mais je ne voudrais pas dépenser mon argent autrement : mon corps me remercie à chaque fin de repas – et je soutiens au passage les producteurs de ma région !

TROUVER UN ÉQUILIBRE

Même si j'ai beaucoup progressé, être dans l'instant présent reste pour moi un grand challenge. Je ne me suis pas transformée en meuf qui médite, fait du yoga, bois des jus verts et entre en connexion avec les arbres. Je reste qui je suis, et mon rythme est toujours beaucoup plus intense que celui de la plupart des gens.

Je suis une boulimique de travail, à tel point que je ne peux pas dormir tant que je n'ai pas fini une tâche. Je peux me coucher au milieu de la nuit, voire enchaîner les nuits blanches selon ce que j'ai à faire.

Je fais avec qui je suis, avec mon fonctionnement et mes besoins, en essayant d'équilibrer le tout. Il est important de ne pas se juger si on n'arrive pas toujours à prendre soin de soi et être dans l'instant présent. On les connaît, ces comptes Insta qui mettent en scène des personnes parfaites et qui peuvent être bien culpabilisants !

> OÙ EN ÊTES-VOUS DANS VOTRE PARCOURS ? ARRIVEZ-VOUS À NE PAS VOUS JUGER LORSQUE VOUS NE PRENEZ PAS FORCÉMENT SOIN DE VOUS ?

ACCEPTER D'ÊTRE LÀ OÙ ON EN EST ET SE CONCENTRER SUR LE POSITIF

Cette avalanche de choses à faire, c'est moi qui la provoque et ça me fait aussi vraiment kiffer. OK, j'ai très peu de temps pour moi, pour bien dormir ou pour prendre des vacances, mais je me sens aussi galvanisée d'accomplir tout ça, de rencontrer tous ces gens, d'avoir toutes ces propositions qui viennent à moi ! C'est incroyable, quand on y pense. Je déteste être toute seule et je souffrirais si je ne faisais pas grand-chose et qu'on ne venait pas me chercher, j'adore coconstruire !
D'ailleurs, l'un des moments où je me sens à « mille pour cent » dans l'instant présent, dans le flow et connectée, c'est lorsque je donne une conférence. Ce qui me plaît le plus, c'est la proximité avec les gens. Dans la musique, mon manager me conseillait de ne pas trop parler à mes fans... Impossible pour moi ! J'ai trop besoin d'être en lien. À tel point que j'ai acheté une maison pour faire venir les gens chez moi, pour les rencontrer !
J'adore la vie sur mesure que je me suis créée. Tout est une question d'équilibre. Je n'arrive pas à m'écouter à 100 %, à écouter mes besoins primaires, et je n'y arriverai probablement jamais mais je sens que je suis alignée dans mon chemin de vie.
Pouvoir être soi, c'est le plus important pour moi. Quand on sent qu'on peut l'être pleinement, tout devient possible.

Finalement, on peut dire que tout est une question d'équilibre

“Vivez en conscience pour vivre plus fort.”

L'ÉCLAIRAGE DE Nadia Karmel

Sophrologue et naturopathe, spécialiste du bien-être chez la femme et l'enfant
@nadia_karmel

Trois conseils pour se reconnecter à la vie malgré les épreuves, renouer avec l'instant présent et ses cadeaux, vivre plus en conscience et profiter de l'existence.

1. Les tuteurs de résilience sont partout

Quand nous sommes confronté·e·s à de grandes épreuves, nous trouvons appui sur nos tuteurs de résilience. Ce sont ces personnes qui nous apportent un soutien, une stabilité, une présence qui nous aide à traverser la tempête. Il peut s'agir de parents, mais aussi d'amis, ou même d'animaux de compagnie, comme ça a été le cas pour Alice. Mais quand nous nous sommes entièrement appuyé·e·s sur un seul tuteur, sa disparition peut être très difficile. Il est important de diversifier les sources d'aide, car les tuteurs de résilience se trouvent partout autour de nous. Même un lieu peut en être un ! Prendre conscience de toutes ces petites aides disposées sur notre chemin est un processus d'ouverture à la vie. Car la vie ne se traverse pas avec un grand saut magique, mais grâce à une multitude de petites actions mises bout à bout !

2. Nourrir le positif

J'ai reçu en consultation une petite fille dont le papa s'était suicidé et dont la vision de la vie avait été très affectée. Je lui ai alors demandé de faire deux colonnes sur une feuille de papier : la colonne

«Tout ce qu'il y a de plus horrible» et la colonne «Tout ce qu'il y a de plus beau». Au fur et à mesure qu'elle remplissait les colonnes, elle se rendait compte qu'il y avait plus à mettre qu'elle ne le pensait dans la colonne des bonnes choses.

Vous pouvez reproduire cet exercice et considérer ces colonnes comme des vases : lequel choisissez-vous de remplir ? En mettant votre attention sur le positif, vous renforcez le système neuronal qui va sécréter des hormones de bien-être.

3. L'importance des sensations

La beauté se trouve dans les petites choses. J'ai moi-même vécu un drame qui a marqué à jamais ma vie. Aujourd'hui, le simple fait d'être dans mon jardin, sous un ciel bleu, et de sentir le vent sur ma peau est une source de joie et de bien-être. Mobiliser ses cinq sens et ne pas rester simplement dans sa tête est très important, non seulement pour notre santé physique, mais aussi pour prendre conscience de l'instant présent et des cadeaux qu'il nous apporte.

C'EST À VOUS !

EXO 1

Un rituel tout simple pour revenir à soi et au présent

Comment se reconnecter à soi quand on n'est pas un fana d'hypnose, de yoga et de méditation ? Vous l'aurez compris, je fais partie d'une catégorie de personnes qui ne s'accordent pas la possibilité de se détendre, de croire en l'hypnose ou de se lancer à corps perdu dans de longues méditations. Pourtant je vais partager avec vous une expérience qui à l'époque m'avait fait réaliser qu'on est tous en capacité de rentrer en nous. Vous ne me croyez pas ? OK, on va la jouer très simplement.
Pour cet exercice, il est préférable que vous soyez au calme dans votre salon ou dans votre chambre et éventuellement que vous puissiez vous allonger.

1. Allongez-vous et fermez les yeux.

2. Montez le bras droit vers le ciel, tendez bien les doigts et essayez de vous concentrer sur les picotements que vous ressentez dans la paume de votre main.

3. Faites la même chose avec le bras gauche.

Dites-moi sincèrement : lorsque vous êtes concentré sur votre corps, vous n'avez pas ressenti de l'énergie parcourir votre bras ? votre épaule ?

Quand on n'est pas doué·e, comme moi, c'est de cette manière-là qu'on peut démarrer la méditation ou l'autohypnose. En fixant son ressenti sur une zone concrète (pied, jambe, épaule, poumons), en fermant les yeux et en apprenant à écouter le corps de l'intérieur. Pas besoin d'être un chamane, un maître yogi pour en découvrir les bienfaits. Quand tout va trop vite, que le stress monte, que les émotions se chamboulent, parfois le simple fait de fermer les yeux une minute et de ressentir l'une de nos parties du corps nous recentre et nous redonne confiance !

EXO 2

Une playlist du présent pour dire merci à la vie

Créez tout de suite une playlist avec dix musiques que vous écoutiez enfant, ado, jeune adulte...
Soyez attenti·ve aux émotions que cela vous procure et voyez combien, au lieu de vous rendre mélancolique, cela devrait vous rappeler que vous avez de la chance d'être là et de pouvoir toujours ressentir des émotions (peut-être différentes mais bien là) en écoutant ces morceaux !
Inédit ! Je partage avec vous mes sons de l'enfance/adolescence.
J'annonce (personne ne se moque) !

Gourmandises – Alizée
Believe – Cher
Be Without You – Mary J Blige
Hijo de la Luna – Mecano
Je ne t'aime plus – Manu Chao
Voyager – Daft Punk
Vole – Céline Dion
Qui de nous deux – M
Summer – Calvin Harris
Eternal Flame – Atomic Kitten

Donnez-moi la vôtre !

....
....
....
....
....
....
....
....
....
....
....
....
....
....
....
....
....
....

EXO 3

Les défis du présent pour une vie consciente

Défi : La prochaine fois que vous serez sous la douche, criez fort dans votre tête : « Je suis conscient·e » et ressentez l'eau qui coule sur votre corps.

Défi : La prochaine fois que vous parlerez avec une personne que vous aimez, dites, dans votre tête ou à voix haute : « J'ai de la chance de pouvoir encore parler avec cette personne et de l'avoir dans ma vie. »

Défi : La prochaine fois que vous en avez l'occasion, levez la tête vers le ciel et ressentez l'immensité tout autour de vous et au-dessus de vous. Dites-vous : « Je suis là, ici et maintenant, dans mon corps, mon âme et mon esprit : faisons de cette expérience la plus belle et la plus grande que je puisse vivre. »

Défi : La prochaine fois que vous mangez, regardez un film, lisez un livre (vous pouvez le faire maintenant) arrêtez-vous quelques secondes et murmurez-vous : « C'est maintenant le présent. »

EXO 4

L'exercice de la pleine conscience

Il s'agit d'utiliser ses cinq sens pour pratiquer la pleine conscience.

Listez 5 choses que vous pouvez voir

....

....

....

....

....

Listez 4 bruits que vous pouvez entendre

....

....

....

....

....

Listez 3 sensations que vous pouvez ressentir

....

....

....

Listez 2 odeurs que vous pouvez sentir

....

....

....

Nommez 1 goût que vous avez en bouche

....

EXO 5

Osez remplir le Memento Mori

Vous connaissez ? Le *Memento Mori* (latin pour « Souviens-toi que tu vas mourir », pas très joyeux, je vous l'accorde, mais attendez de connaître la suite) ou « calendrier de vie » est fait de plein de petites cases, chacune représentant un jour de votre vie. Le but est de colorier chaque case déjà vécue et de vous donner ainsi un aperçu visuel d'où vous en êtes dans votre vie et de combien de temps il vous reste. C'est un outil puissant pour prendre conscience de notre passage éphémère sur cette terre et pour commencer à en savourer chaque seconde.
Parce qu'on n'a pas besoin d'attendre un décès pour commencer à profiter de la vie et réaliser ce qu'on a vraiment envie de faire !

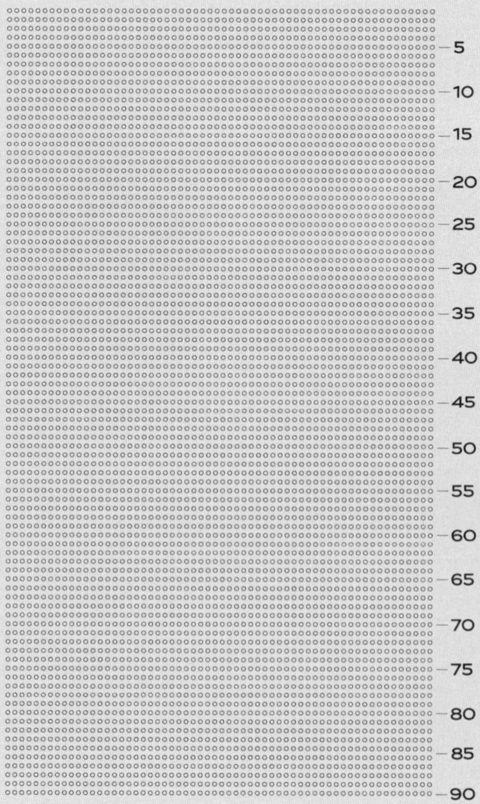

RELEVEZ LE DÉFI EN VRAI #8

Rendez-vous sur mon compte Instagram
www.instagram.com/alicecatdesigner dans la story à la une : « Solide ».

Faites un screen de ce visuel et notez l'action par excellence qui vous renvoie immédiatement dans le présent ! Partagez votre réponse dans votre story.

N'oubliez pas de taguer **@alicecatdesigner**
si vous souhaitez que je repartage votre capacité à pardonner ! Cela viendra marquer d'une pierre blanche votre nouvelle étape vers votre nouveau vous !

Je suis dans le présent quand :

....

....

....

....

....

....

....

CONCLUSION

MES ENGAGE-MENTS

MES PROMESSES

Ça en fait, des épreuves, pour une seule personne, non ? Bien sûr, certains ont vécu bien pire. Mais ce qui me tenait à cœur, c'était de vous montrer notre fragilité et notre vulnérabilité, notre solidité et notre résilience. La dose de sagesse, d'apprentissages et de leçons que j'ai tirée de tout ça est inestimable. Les voici résumées en dix mantras qui font désormais partie de ma vie.

1. Votre plus grande des richesses sera votre intelligence relationnelle

Ce qui m'a toujours le plus aidée à rebondir après des situations compliquées, c'est mon intelligence relationnelle. On met souvent de côté cette intelligence alors qu'elle est l'un des piliers nécessaires à la réussite. Elle permet de braver les épreuves, d'ouvrir son cercle, ses connaissances, ouvrir les opportunités. Chaque personne est unique et a quelque chose à nous enseigner sur la vie.

2. C'est le terrain qui forge

Toutes les plus belles progressions de ma vie, je les ai faites en expérimentant sur le terrain. On pourrait l'appeler « le tarmac », « le ring de boxe » ou « l'arène ». Le terrain, c'est la terre, presque comme le terrain qu'on achète pour y construire. Il nous ancre, nous permet de nous développer. Aller jouer son match sur le terrain et se confronter à la réalité permet de ne pas rester coincé·e dans de belles idées ou, au contraire, dans des pensées négatives.

3. Nous sommes tous les rois et les reines de l'intuition

Ce que vous avez lu précédemment ne donne pas forcément cette impression (« mais cette meuf se fait tout le temps avoir, c'est pas possible »), mais j'ai en réalité énormément d'intuition, et nous en avons tous. En revanche, j'ai choisi plusieurs fois de ne pas l'écouter. C'est à nous de repérer ses signaux et de la suivre.

4. Votre enfant intérieur a déjà les réponses

Quand je vois ma vie aujourd'hui, avec toutes mes activités, je me rends compte que rien n'a changé : je suis toujours la petite Alice qui, dans sa chambre, ouvrait tous les tiroirs car elle voulait jouer à tout en même temps. Quand on me demandait ce que je voulais faire, je ne savais pas car je voulais tout faire : avoir des amis, être la maîtresse, créer... Ce que j'analyse comme ma réussite aujourd'hui, c'est d'avoir mêlé ces rêves d'enfant à mes activités pro.

5. Vous avez le droit de changer les choses qui ne vous conviennent pas

Que ce soit votre entourage, votre corps, ou votre relation amoureuse, c'est OK de vouloir changer. Changer n'est pas être inconstant. On me dit parfois que d'avoir changé mon corps, c'est être faible car la « bonne façon » serait d'accepter ce qui est. Je ne suis pas d'accord. La seule bonne façon de faire, c'est celle qui vous convient le mieux. Vous avez cette liberté.

6. Votre particularité est votre force : cultivez-la

J'étais très complexée petite par mon côté trop bruyante, trop extravertie, trop excessive. Ces « défauts » ne m'ont pourtant pas empêchée de réussir, au contraire. Ils sont même mes richesses. C'est en étant vous-même que vous allez rallier les gens qui vous ressemblent. Ne cherchez pas à cacher vos particularités, tirez-en de la fierté, portez-les haut, et elles vous emmèneront loin.

7. Votre corps fera ce qui est bon pour vous

En tout cas si vous l'écoutez. Il nous envoie des signaux en permanence ! C'est l'un de mes grands apprentissages : notre corps est notre plus grand allié.

8. Vous n'allez quand même pas vous laisser abattre par un amas de molécules qui pensent ?

Cela vaut pour tous les gens qui vous critiquent, quels qu'ils soient... Nous avons une vie très courte, pourquoi décider que ces gens auront un impact plus important sur notre propre vie que nous ? Qui sont-ils après tout ? Des amas de molécules, d'ions, de peptides, de kératine et de carbone. Vu comme ça, ça aide, non ?

9. Votre succès commencera quand vous rencontrerez l'échec

Les plus beaux succès naissent des plus grandes erreurs. Il faudrait trouver un autre nom pour les échecs. Car ce qu'ils sont réellement, ce sont des marches. Ce sont les barreaux de l'échelle sur lesquels on pose le pied pour aller plus haut, et plus haut encore.

10. Nous sommes tous mortels, ça va bien se passer

Lorsqu'on accepte que la mort fait partie du jeu, même si ça fait mal, c'est aussi un magnifique rappel de notre chance de vivre et de vieillir. Une fin aussi peut être belle. Elle nous permet de nous rappeler l'importance du présent.

BILAN

Est-ce que j'en serais où je suis aujourd'hui sans mes épreuves ? Je n'en ai aucune idée. Tout ce que je sais, c'est qu'aussi douloureuses soient les épreuves, j'ai décidé de les dompter et de les transformer en cadeaux de la vie.
Mes prochains projets les plus dingues ? Peut-être aboutiront-ils, peut-être pas, en tout cas je les manifeste. N'oubliez pas d'en faire de même !

Et pour conclure ?

je suis Alice, je suis solide

S.O.L.I.D.E.

Solaire • Optimiste • Libre • Innovante • Déterminée • Éveillée

et vous aussi.

REMERCIEMENTS

J'aimerais tout d'abord remercier mes parents de m'avoir donné la vie, même si je leur en ai longtemps voulu. En me donnant mon premier souffle, ils m'ont permis de vivre les expériences les plus folles et les plus gratifiantes qu'un humain puisse espérer.
Je voulais aussi remercier mon frère, qui par sa résilience m'a permis de construire la mienne.
Merci à ma tante Sylvie, malgré une famille parfois étrange, d'avoir fait des efforts pour nous comprendre et nous aimer.
Merci à mamie de Bordeaux qui m'a appris à avancer et m'a montré, même du haut de ses 93 ans, que l'âge n'est rien et ne peut nous freiner.
Merci à ma cousine Juliette, qui malgré nos différences m'a toujours respectée.
Merci à mes amies de longue date, mes amies d'enfance Cécilia, Laurianne et Anne-Sophie, d'être toujours restées dans ma vie, pour certaines depuis plus de vingt-cinq ans.
Merci à mes copines Zanmies qui se reconnaîtront très bien et qui m'ont permis de me refaire un cercle de proches, ce qui n'est pas gagné quand on débarque dans une ville où on n'a pas d'amis.
Merci à toutes mes amies créatrices, entrepreneuses, humaines, qui dans l'adversité ne m'ont jamais laissé tomber.
Ma cinquantaine de Badass copines avec qui je fais mes conférences, mes séminaires, mes projets, je vous aime, vous êtes si géniales, et si nombreuses, j'en oublierai forcément : Laura, Mélanie, Faty, Lamia, Lucie, Katia, Anna, Sophie, NJ, Prisca, Jennifer, Axelle, Ludivine, Loraine, Élise, Oriana, Caroline, Ludivine, Maeva, Carla, Riri, Gaëlle, Sandra, Delphine, Solène, Audrey, Tara, Fanny, Fiona, Anna, Vanessa, Angélique, Cécile, Nejma, Emma, Marine, Mélanie...
ET TELLEMENT D'AUTRES !
Merci à tous les mecs géniaux qui sont mes meilleurs potes dans la vie ou mes partenaires de projets préférés : Jérémy, Aymeric, Julien, Amine, Chris, Yannick, Issam, Remi, Ali, Fabien, Antoine...
Merci à mes plus grandes amies d'être dans ma vie : Aurélie, Alex, Aurélia, Zoé, Anaïs, Émeline, Laurine, Barbara, Manon et Re-Manon, Élisa, Cloé, Margot, Julie, Noem, Elsa...
Merci à ces clients ou partenaires qui m'ont permis de tenir dans les moments les plus durs, Nathalie Hutter-Lardeau, Fabien Prêtre, Benjamin Abou, Greg Guidah, Ariane Brodier, Audrey Tcherkoff, Shirley Billot et tant d'autres.
Merci à Harmony, Juliette Malzieu, Lama Younès-Corm et Caroline Frisou sans qui ce livre n'aurait jamais pu voir le jour
Merci à ma belle-mère de m'aimer telle que je suis et de s'occuper de moi comme si j'étais sa fille.
Merci à mon homme qui porte le nom d'un rugbyman et qui supporte mes coups de stress aussi puissants que des envois de ballons !
Merci à ma belle-fille de m'avoir accueillie dans sa vie.
Merci à ma chienne d'avoir redonné un sens à mon présent.
Et merci à la petite Alice d'avoir tenu le coup contre vents et marées

Direction : Didier Férat
Direction éditoriale : Lama Younès-Corm
Collaboration éditoriale : Juliette Malzieu
Conseillère éditoriale : Caroline Frisou
Édition : Gwladys Greusard
Correction : Judith Lévitan
Fabrication : Laurence Duboscq

Illustrations : Alice Cathelineau
Sauf :
p 50-51 © vecteezy
p 57 © freepik
Photographies intérieur et couverture : Alix Red
Conception graphique intérieur : Élodie Chaillous - Studio Helloélo
Couverture : Cyril Cabry

ISBN : 978-2-263-18645-5
Code éditeur : L18645/01
Dépôt légal : septembre 2024

Imprimé en France par Estimprim
ZI la Craye, 25110 Autechaux

Solar, un département d'édi8
92, avenue de France
75013 Paris
serviceclients@lisez.com